Peter L. Berger

Auf den Spuren der Engel

HERDER spektrum

Band 5193

Das Buch

Ein Buch, das zum Klassiker geworden ist: Peter L. Berger entdeckt die Spuren der Transzendenz im Alltag. Seine Überzeugung: Die Naturwissenschaften können das Problem des Leidens in der Welt, die Frage nach dem Sinn nicht lösen. Dennoch ist es wichtig und zentral, sich ihnen zu stellen. Doch es sind andere Antworten gefragt, als sie die Naturwissenschaften anbieten können. Und hier kommt die Transzendenz ins Spiel. Peter L. Berger hat eine grundlegende Analyse zur Situation der Religiosität verfasst. Es ist der „Versuch, eine sich selbst überschätzende Säkularität von innen heraus zu überwinden" (Peter L. Berger).

Der Autor

Peter L. Berger, geboren 1929 in Wien, 1967 Professor an der New School for Social Research, New York, später Professuren in New Brunswick und Boston. Autor zahlreicher Bücher, u. a. „Einladung zur Soziologie"; „Die gesellschaftliche Konstruktion der Wirklichkeit" (zusammen mit Thomas Luckmann); Der Zwang zur Häresie".

Peter L. Berger

Auf den Spuren der Engel

Die moderne Gesellschaft und die
Wiederentdeckung der Transzendenz

Aus dem Amerikanischen
von Monika Plessner und Klaus Nientiedt

HERDER

FREIBURG · BASEL · WIEN

Gedruckt auf umweltfreundlichem,
chlorfrei gebleichtem Papier

Alle Rechte vorbehalten – Printed in Germany
© für diese Ausgabe: Verlag Herder Freiburg im Breisgau 1991
www.herder.de
Herstellung: fgb · freiburger graphische betriebe 2001
www.fgb.de
Umschlaggestaltung und Konzeption:
R·M·E München / Roland Eschlbeck, Liana Tuchel
Umschlagmotiv: Adolphe Appia, Rhythmischer Raum.
Der Abendreigen, 1909
Autorenfoto: © Gütersloher Verlagshaus
ISBN 3-451-05193-1

Inhalt

Einführung zur Taschenbuchausgabe

Mehr als zwanzig Jahre ist es her, daß ich *Auf den Spuren der Engel* schrieb. Was gibt es nach so langer Zeit zu sagen? Texte erneut lesen, die man vor langer Zeit geschrieben hat, das ist so ähnlich, wie wenn man eine Geliebte trifft, die man lange nicht gesehen hat: Man wird verlegen. Ringt nach Worten. Sagt sich: „Wie konntest du nur!" Glücklicherweise bringt mich dieses Buch nicht in eine solche mißliche Lage. Es macht mich nicht verlegen. Im Gegenteil! Nur wenige Passagen würde ich heute streichen oder substantiell umformulieren. Meine erste Bemerkung also heißt – um es in der Korrektoren-Sprache zu sagen: „Bleibt!" – „Laß es stehen!" Um nicht blasiert zu erscheinen: Einige andere Schriften von mir, später geschrieben als diese hier vorliegenden, bringen mich durchaus in erhebliche Verlegenheiten; am liebsten würde ich sie widerrufen oder zumindest substantiell abändern. *Auf den Spuren der Engel* jedoch nicht.

Zunächst machte ich in diesem Buch erneut einige Vorschläge, die bereits in früheren Schriften von mir über Religion in der modernen Welt enthalten waren. Vor allem aber ging es mir um zweierlei: Erstens wollte ich zeigen, daß die geistigen Werkzeuge der Sozialwissenschaften, die in so großem Maße zum Verlust an Glaubwürdigkeit der Religion beigetragen hatten, ebensogut auf jene Ideen angewandt werden könnten, die die übernatürliche Sicht von der Welt so nachhaltig diskreditiert haben, sowie auf die Leute, die diese Ansichten propagierten. Diesen Vorstoß nannte ich „Relativierung den Relativierern". Und zweitens wollte ich einen kurzen Abriß eines Ansatzes von Theologie geben, der bei der normalen menschlichen Erfahrung einsetzt, genauer: bei Elementen einer Erfahrung, die auf eine Wirklichkeit jenseits der gewöhnlichen Wirklichkeit verweisen. Diesen Ansatz nannte ich „induktiv", und ich erwähnte eine Reihe von Erfahrungsphänomenen, die als „Signale des Transzendenten" gelten können. Ich deutete an, daß hier auch die Grundlage eines theologischen Programms zu finden sei, das in dem wurzelt, was Europäer „philosophische Anthropologie" nennen, sowie in der breiten Tradition des liberalen, bis auf Friedrich Schleiermacher zurückreichenden liberalen Protestantismus. Entgegen manchen Aussagen des liberalen Protestantismus dazu würde ein solches Programm die religiösen Deutungen der Wirklichkeit nicht säkularisieren; im Gegenteil, es würde Säkularität transzendentalisieren. Nachdrücklich wies ich darauf hin, daß ich nicht in der Lage sei, für dieses theologische Programm mehr zu liefern als einen ersten Entwurf, und lud damit geradezu zum Vorwurf ein, ich solle entweder aufhören oder aber den Mund halten (einige Kritiker nahmen diese Einladung auch an).

Beide Anliegen dieses Buches möchte ich heute bekräftigen. Zum ersten Punkt könnte ich heute sehr viel mehr sagen; zum zweiten – so ist es nun mal – würde mir auch jetzt nicht viel mehr einfallen. Für diese Diskrepanz habe ich eine Entschuldigung. Als ich zeigte, daß die sozialwissenschaftliche Perspektive gewissermaßen gegen sich selbst gerichtet werden kann, tat ich nur das, was ich halt gelernt habe. Ich bin, trotz allem, in erster Linie Soziologe, wenn auch ein qualifizierter. Der zweite Punkt (wie ich es damals bereits klar sagte) ist theologischer Natur; Soziologie spielt dabei kaum eine Rolle, und als Theologe verfüge ich über keinerlei Qualifikationsnachweise. Entgegen dem lateinischen Sprichwort sind beide, das Leben und die Kunst, von kurzer Dauer; in der Regel ist es einem innerhalb eines Lebens nur vergönnt, eine einzige Kunst auszuüben.

Genau zu der Zeit, als ich *Auf den Spuren der Engel* schrieb, begann ich, bedingt durch eine Reihe von biographischen Umständen, mich für Fragen der Entwicklung und der Modernisierung der Dritten Welt zu interessieren. Seitdem haben diese Fragen im

Zentrum meiner soziologischen Arbeit gestanden. Viele dieser Fragen haben, wenn überhaupt, nur wenig mit Religion zu tun; die meisten von ihnen sind von unmittelbar praktischer und vor allem politischer Bedeutung. Wenn auch nur auf eine sehr allgemeine Weise, so ist doch meine ganze Arbeit auf diesem Gebiet auch dem Thema „Relativierung den Relativierern" zugute gekommen. Je mehr man sich der immensen Vielfalt menschlichen Denkens und Handelns in der Welt bewußt wird, desto mehr setzt man dazu die spezifischen Ideen und Institutionen in Beziehung, die wir gemeinhin mit dem Stichwort „Modernität" bezeichnen. Soziologie, davon bin ich überzeugt, muß heute nation- und kulturübergreifend betrieben werden, nicht etwa um damit dem moralischen Zweck von mehr globaler Verständigung und allgemeiner Toleranz zu dienen, sondern weil es nicht länger möglich ist, eine Gesellschaft zu verstehen, ohne sie mit anderen Gesellschaften zu vergleichen. Eine solche Soziologie gerät, das ist unvermeidlich, zu einer Gesamtkritik der Moderne. Sie legt die Naivität und die Beschränktheit jener „kultivierten Verächter der Religion" bloß, die die (wirklichen oder imaginären) Gesprächspartner von so viel neuerer christlicher Theologie waren. Ich könnte noch sehr viel ausführlicher darlegen, wie relativ (und folglich verwundbar durch soziologische „Ortung") sich die Weltsicht moderner Soziologie ausnimmt. Das würde die Gedankenführung von *Auf den Spuren der Engel* ausweiten, nicht aber substantiell verändern.

Den zweiten Punkt, den Vorschlag eines anthropologischen Ansatzes von Theologie, konnte ich in der Zwischenzeit nur sporadisch weiterverfolgen. Im Jahre 1975 war ich, zusammen mit Richard Neuhaus, daran beteiligt, eine Gruppe zusammenzubringen, die den sogenannten „Hartford Appeal for Theological Affirmation" veröffentlichte. Bei dieser Erklärung ging es im Kern darum, daran zu erinnern, daß der christliche Glaube auf das Transzendente hin ausgerichtet ist und nicht auf dieses oder jenes aktuelle säkulare Anliegen. Das war zu einer Zeit, in der starke Kräfte im Protestantismus wie auch zunehmend in der römischkatholischen Kirche in die genau entgegengesetzte Richtung drängten. Die öffentliche Aufmerksamkeit für den Hartford Appeal war kurz, aber heftig, die Kritik vielfach negativ, schon bald war er mehr oder weniger vergessen.

1979 veröffentlichte ich ein weiteres Buch, *The Heretical Imperative* (*Der Zwang zur Häresie*. Religion in der pluralistischen Gesellschaft, Frankfurt 1980), in dem ich versuchte, die in *Auf den Spuren der Engel* begonnene theologische Diskussion weiterzuführen. Ich frage mich heute, weshalb mir dies zwar recht gut gelang, aber das Buch – vielleicht hatte es dies aber auch nicht anders verdient – auf kein sonderliches Interesse stieß. Ich schrieb darin manches, was mir selbst gut gefiel, nicht aber meinen Kritikern: Ich erläuterte darin ausführlicher, warum ich den vielgeschmähten Begriff „übernatürlich" weiterhin verwenden würde; einen „induktiven" Ansatz von Theologie stellte ich in den größeren Kontext anderer gängiger theologischer Konzepte; und schließlich, der letzte Vorstoß in diesem Buch, wies ich darauf hin, daß die Begegnung mit den großen religiösen Traditionen Asiens der christlichen Theologie neuen Schwung verleihen könnte. Dieser letzte Gesichtspunkt war eine natürliche Folge der Tatsache, daß ich als ein Globetrotter in Sachen Soziologie herumreiste; nachdem zehn weitere Jahre meines Weltenbummlerdaseins hinter mir liegen, überzeugt er mich etwas weniger. Etwa um dieselbe Zeit war ich jedenfalls damit beschäftigt, eine Gruppe von sehr kompetenten Leuten zusammenzubringen, die nach neuen Wegen im interreligiösen Dialog Ausschau hielten. Die ersten Arbeitsergebnisse dieser Gruppe (sie blieb insgesamt etwa zwei Jahre zusammen) wurden unter dem Titel *The Other Side of God* veröffentlicht. Auch hierbei, so fürchte ich, handelt es sich lediglich um einen sehr skizzenhaften, vorläufigen Entwurf eines Programms, das ich bislang nicht verwirklichen konnte.

In einer Besprechung der ersten Auflage von *Auf den Spuren der Engel* meinte Martin Marty, dies Buch könnte von programmatischer Bedeutung sein für die siebziger Jahre. Seine Einschätzung hätte kaum falscher sein können. Nicht nur in den siebziger

Jahren, sondern ebenso in den achtziger Jahren bewegten sich christliche Theologen gleich scharenweise in die genau entgegengesetzte Richtung. Politik, nicht Transzendenz, wurde zum eigentlichen Thema der Christen und damit auch der christlichen Theologie erklärt. Die Theologen waren weit davon entfernt, „Signale des Transzendenten" in alltäglicher menschlicher Wirklichkeit aufzuspüren. Sie deuteten die Signale säkularer Anliegen in traditioneller Transzendenzsprache der Religion, und sie legten die religiösen Traditionen so aus, um damit dieses oder jenes säkulare Anliegen zu rechtfertigen: Sozialismus, Feminismus, „black consciousness", Umwelt oder was immer Sie wollen. Bislang sehe ich keine Anzeichen dafür, daß diese Welle von säkularisierendem Gedankengut abgeebbt ist. Im Gegenteil! Viele dieser Ideen haben sich unterdessen in kirchlichen Bürokratien und intellektuellen Kreisen verfestigt, und zwar so sehr, daß selbst leisester Dissenz von diesen politischen Vertretern der reinen Lehre mit Hohngelächter beantwortet wird. Ich würde sogar sagen: Trotz aller äußerlich größeren Ruhe stellt sich die theologische Szene heute weit bedrückender dar, als sie es vor zwanzig Jahren war. Die Vorschläge, die ich in *Auf den Spuren der Engel* machte, werden vielleicht für die neunziger Jahre von programmatischem Wert sein. Angesichts der gegenwärtigen theologischen Großwetterlage bin ich in dieser Hinsicht jedoch nicht allzu optimistisch.

Diese Buchausgabe enthält auch Essays, die erst nach der Veröffentlichung der ursprünglichen Fassung geschrieben wurden und die das eine oder andere Thema von *Auf den Spuren der Engel* weiterverfolgen. „Begräbnis in Kalkutta", kurz nach meiner ersten Reise nach Indien verfaßt, und „Von der Säkularität zu den Weltreligionen" befasen sich mit der Begegnung zwischen dem christlichen Glauben und den Religionen Asiens. Das zentrale Anliegen bleibt unverändert: Den „Spuren der Engel" nachzugehen, ist ein Beitrag zur Humanisierung unserer Zeit.

Boston 1990   P. L. B.

Vorwort zur ersten Auflage

Dieses Buch handelt von der Möglichkeit theologischen Denkens in unserer Zeit. Es fragt, ob man heute überhaupt noch theologisch denken kann und soll – und wenn ja, dann wie. Die erste Frage wird entschieden bejaht, und die Antwort kann sich auf soziologische Fakten und Argumente stützen. Bei den – durchaus als Versuch anzusehenden – Bemühungen um eine Antwort auf die zweite Frage ist die Soziologie dann allerdings, wenn überhaupt, nur von geringem Nutzen. Für ein gut Teil dessen, was folgt, kann ich mich – ich möchte das schon hier in aller Deutlichkeit aussprechen – nicht hinter der Autorität des Soziologen verschanzen. Das heißt, daß ich mich, scheinbar mutwillig, auf das Risiko einlasse, mich zu exponieren, und vielleicht sollte ich doch sagen, was mich dazu bewogen hat.

In einem demnächst auch in deutscher Übersetzung erscheinenden Buche *The Sacred Canopy; Elements of a Sociological Theory of Religion*[1] habe ich einige Grundzüge, die ich für einen soziologischen Zugang zur Religion für entscheidend halte, zusammengefaßt und den Versuch einer Analyse der gegenwärtigen Lage der Religion aus der Perspektive des Soziologen unternommen. Ich komme aus einer Schule der Soziologie, die noch von Max Weber geprägt worden ist, und so habe ich mich denn nach Kräften bemüht, meine Aussagen „wertfrei" zu halten. Dabei ist ein Buch herausgekommen, das sich, mindestens streckenweise,

---

[1] Doubleday, Garden City, N. Y., 1967. Die deutsche Ausgabe ist in der Reihe Conditio Humana des S. Fischer Verlags, Frankfurt am Main, erschienen.

15

wie eine Abhandlung über Atheismus liest und noch dazu notgedrungen nicht auf eine soziologische Terminologie verzichten konnte. Die Analyse der gegenwärtigen Situation, mit der es schließt, kann unschwer als ein Wink zur Selbstaufgabe an die Adresse der Religion verstanden bzw. mißverstanden werden. Meine Selbstauffassung erschöpft sich jedoch – ich gestehe das ruhig ein – nicht darin, daß ich Soziologe bin. Ich bin auch Christ, wenngleich ich der Häresie, zu der meine theologischen Vorstellungen passen, noch nicht auf die Spur gekommen bin. Das alles hat mir Sorge darüber eingebracht, wie *The Sacred Canopy* möglicherweise auf unvorsichtige Leser wirken wird. So habe ich denn dem Buch einen Anhang beigegeben, der sich mit gewissen Folgerungen für die Theologie auseinandersetzt. Ich war und bin mit dieser Lösung nicht zufrieden. Das neue Buch, das ich hiermit vorlege, ist das Ergebnis dieser Unzufriedenheit.

Was ich zu sagen habe, werde ich so einfach wie möglich vorbringen, so daß der Leser sich nicht den Wort- und Begriffsapparat aneignen muß, mit dessen Hilfe der Soziologe sein Geschäft betreibt. Ein paar Fachausdrücke waren zwar unvermeidlich. Aber ich habe sie auf ein Minimum reduziert. Dieses Buch richtet sich nicht nur an Soziologen, und die zweifelhaften Segnungen einer soziologischen Ausbildung setzt es nicht voraus. Es wendet sich an jeden, der für religiöse Fragen offen und bereit ist, systematisch über sie nachzudenken. Ich hoffe allerdings, daß es auch Theologen einiges zu sagen hat, obwohl ich mir meines Mangels an einschlägiger Kompetenz in vollem Maße bewußt bin. In Anbetracht des außerfachlichen (ich bin versucht zu sagen, des laienhaften) Charakters meiner Ausführungen habe ich auch die Anmerkungen auf ein Minimum beschränken wollen. Die Hinweise auf meine eigenen früheren Schriften sind kein Appell an den Leser, sie allzu wichtig zu nehmen und womöglich gar zu lesen. Jeder Denkvorgang ist jedoch immer auch ein Selbstgespräch, eine Auseinandersetzung mit eigenen Gedanken aus abgelebten Zeiten. Man kann nicht auf jeder Stufe ganz von vorne anfangen. Daß man es nicht muß, ist ein kleiner Gewinn, den sich zu Buche schreiben kann, wer mehr als ein Buch geschrieben hat.

Wahrscheinlich läßt man sich am ehesten auf ein großes Risiko ein, wo es um etwas geht, das einem wichtig ist. Mir ist Religion besonders wichtig, und ich glaube, daß sie für jede Zeit und ganz gewiß für unsere eigene von der größten Bedeutung ist. Wenn man sich schon bei jedem systematischen Durchdenken religiöser Fragen unversehens auf dem Terrain der Theologie wiederfindet, so darf man diese nicht nur den Theologen überlassen. Man muß also zum Risiko bereit sein. Man muß sich exponieren. Darin mag soviel Anmaßung wie Bescheidenheit stecken. Das Risiko allein ist vielleicht anmaßend. Aber durch diese Einschränkung wird um so deutlicher, daß die Bemühung nur ein Versuch und das Ergebnis nur unvollständig sein kann.

Einige der nun folgenden Gedanken habe ich eingehend mit Richard Neuhaus diskutiert. Ich möchte ihm an dieser Stelle sagen, wie dankbar ich ihm für sein Interesse und seine Anregungen bin.

Ich widme dieses Buch dem Andenken meines ersten Lehrers der Theologie. Daß er einige meiner Schlußfolgerungen nicht gebilligt hätte, weiß ich. Dennoch wage ich zu hoffen, daß die Intention dieses Buches ihn überzeugt hätte.

New York, Herbst 1968   P. L. B.

1. Das Ende der Transzendenz?

Die Lage der Religion in unserer Zeit mag noch so verschieden beurteilt werden, einig sind sich die Auguren darüber, daß das Übernatürliche Abschied von der modernen Welt genommen habe. Einerseits kommentieren dramatische Formulierungen wie: „Gott ist tot" oder „das nachchristliche Zeitalter" sein irdisches Ende, andererseits spricht man schlicht und selbstverständlich von einem weltweiten und offenbar unwiderruflichen „Trend". Der „radikale Theologe" Thomas Altizer z. B. fordert feierlich wie zu öffentlichem Glaubensbekenntnis auf „einzugestehen, daß Gottes Tod ein historisches Ereignis, daß Gott in unserer Welt, unserer Geschichte, unserer *Existenz* gestorben" sei [1]. Dagegen bringen es Herman Kahn und Anthony Wiener vom Hudson Institute fertig, in ihrer faszinierenden Prognose für den Verlauf des letzten Drittels unseres Jahrhunderts die Religion nahezu unerwähnt zu lassen, gestützt auf die Annahme kontinuierlich wachsender „Sinnenhaftigkeit" der Kulturen des 20. Jahrhunderts. Den Terminus „sensate" – sinnenhaft – hat der Soziologe Pitirim Sorokin, früher an der Harvard-Universität, geprägt. Kahn und Wiener umschreiben dieses Wort so: empirisch, weltlich, humanistisch, diesseitig, pragmatisch, utilitaristisch, vertragsgläubig, epikuräisch bzw. hedonistisch und dergleichen [2].

---

[1] Thomas J. J. Altizer und William Hamilton, *Radical Theology and the Death of God,* Bobbs-Merrill, Indianapolis 1966, S. 11.
[2] Herman Kahn und Anthony Wiener, *The Year 2000; A Framework for Speculation on the Next Thirty-three Years,* Macmillan, New York 1967, S. 7 (Tabelle 1); deutsche Ausgabe: *Ihr werdet es erleben; Voraussagen der Wissen-*

Die Entmachtung oder Abdankung der Transzendenz hat verschieden getönte Reaktionen ausgelöst: prophetischen Zorn, tiefe Trauer, Triumph – oder auch nur eine von keinerlei Gefühl getrübte Sachlichkeit. Der konservative Wortführer der Religion, der ein gottloses Zeitalter verdonnert, der „fortschrittliche" Intellektuelle, der es willkommen heißt, und der kühle Analytiker, der es lediglich registriert, haben jedoch eines gemeinsam: sie halten diese Lage in einer Zeit, in der sich das Göttliche – mindestens in seinen klassischen Formen – in den Hintergrund menschlicher Belange und Vorstellungen zurückgezogen hat, für unausweichlich.

Das Wort „übernatürlich" (oder auch „transzendent") ist zu Recht auf Kritik aus den verschiedensten Lagern gestoßen. Religionshistoriker und Kulturanthropologen weisen darauf hin, daß es eine Teilung der Wirklichkeit suggeriert: ein geschlossenes System rational faßbarer „Natur" und, jenseits und außerhalb, ein geheimnisvolles Irgendwo. Eine solche Vorstellung ist für die Moderne bezeichnend und führt sogleich in die Irre, wenn man mit ihr an primitive oder archaische Kulturen herangeht. Alttestamentler bemängeln, das Wort „übernatürlich" werde der Konkretheit und Historizität der jüdischen Religion nicht gerecht, christliche Theologen, daß es zu einer der Inkarnations-, wenn nicht schon der Schöpfungslehre innewohnenden Weltbejahung im Widerspruch stehe. Dennoch trifft es, vor allem in seiner alltäglichen Bedeutung, eine fundamentale Kategorie der Religion: nämlich die Überzeugung oder den Glauben, daß es *eine andere Wirklichkeit* gibt, und zwar eine von absoluter Bedeutung für den Menschen, welche die Wirklichkeit unseres Alltags transzendiert. Diese Grundvorstellung von Wirklichkeit, nicht nur von irgendeiner ihrer historischen Varianten, ist es, was angeblich in der modernen Welt abgestorben oder im Absterben begriffen ist.

---

schaft bis zum Jahre 2000, Molden, Wien–München–Zürich 1968, S. 22 (Tabelle 1).

Rudolf Otto hat in seinem Buch *Das Heilige*[3] in noch heute gültiger Form versucht, das „Anderssein" des religiösen Erlebens zu beschreiben. Das Heilige, die Wirklichkeit, der der Mensch in der religiösen Erfahrung zu begegnen glaubt, ist, so sagt Otto, „ganz anders" als gewöhnliche menschliche Phänomene, und in diesem Anderssein ergreift es den Menschen als überwältigende, schreckliche, unheimliche Macht.

Als die religiöse Kategorie par excellence, und zwar in allen Kulturen, als welche Otto das Heilige ansieht, ist es, wie zu erwarten, nicht unbestritten geblieben. Statt uns jedoch auf gelehrte Kontroversen einzulassen, wenden wir uns der gewöhnlichen Welt zu, in der wir, zusammen mit anderen Menschen, unseren „normalen" Tätigkeiten nachgehen, der Welt, die seit Edmund Husserl in der Philosophie die „Lebenswelt" heißt. Sie ist die Arena für fast alle unsere Projekte. Deshalb ist ihre Wirklichkeit für unser Bewußtsein die stärkste und „natürlichste". Nach Alfred Schütz ist sie „die Welt des täglichen Lebens, die der vollwache, erwachsene Mensch, der, umgeben von seinen Mitmenschen, in ihr wirkt und über sie verfügt, in seiner natürlichen Einstellung als eine Wirklichkeit erfährt"[4]. Dieser Bereich eines als Gewißheit empfundenen „Natürlichen" (*nicht* notwendig „Natur", etwa im Sinne der Rationalisten des 18. Jahrunderts) ist es, demgegenüber die Religion eine „übernatürliche" Wirklichkeit postuliert.

Die Kulturanthropologie hat nachgewiesen, daß auch der Alltag des primitiven Menschen genau wie der unsrige von empirischen, pragmatischen, von Nützlichkeits-Forderungen regiert wurde, von Forderungen also, die sich auf „diese Welt" beziehen. Wäre dem nicht so gewesen, so hätte wohl kaum ein primitiver Stamm die Grundprobleme des Überlebens bewältigen können.

---

[3] Zuerst Breslau 1917.
[4] Alfred Schütz, *Collected Papers,* Nijhoff, Den Haag 1962, Bd. 1, S. 208. Die deutsche Übersetzung erscheint 1970 unter dem Titel *Gesammelte Schriften* ebenfalls im Verlag Nijhoff.

Für das tägliche Leben in den großen Kulturen der Antike gilt das sogar in noch stärkerem Maße. Befangenheit im „natürlichen" Bewußtsein ist kein Privileg – oder Sakrileg – der Moderne. Irgend jemand hat einmal gesagt, die meisten Philosophen der heutigen angelsächsischen Welt hätten die Wirklichkeitsvorstellung eines etwas schläfrigen älteren Geschäftsmanns nach dem Mittagessen. Ältere Krieger primitiver Stämme oder im klassischen Griechenland hatten nach dem Mittagessen höchstwahrscheinlich ganz ähnliche Vorstellungen. Aber primitive und archaische Menschen akzeptierten *auch* die Idee einer anderen, übernatürlichen Welt voller göttlicher Wesen und Mächte, eines Hintergrunds ihrer gewöhnlichen Welt. Und sie glaubten, daß die „andere Welt" in mannigfaltiger Weise auf „diese Welt" einwirke. Das läßt vermuten, daß, wenn wir heutzutage so stolz auf die „Rationalität" oder den „Realitätssinn" der modernen Philosophie und Wissenschaft sind, mindestens zum Teil der Wunsch der Vater des Gedankens ist, daß wir unbedingt am „natürlichen" Bewußtsein als dem einzig möglichen und wünschbaren festhalten möchten – eine Vermutung, auf die wir noch zurückkommen werden.

Im ‚Märchen von einem, der auszog, das Fürchten zu lernen' kommt der junge Held nicht zur Ruhe, bis er das Gruseln gelernt hat. Verbissen stürzt er sich in alle möglichen Abenteuer, die jedem Menschen kalte Schauder über den Rücken jagen. Das geistige Abenteuer des modernen Menschen scheint dem entgegengesetzten Motiv zu folgen, jedes nur vorstellbare metaphysische Fürchten zu *ver*lernen. Wenn die These von der Abdankung der Transzendenz in unserer Zeit stimmt, hat der Aufwand des Verlernens Erfolg gehabt. Wie aber läßt sich diese These beweisen?

Die Antwort steht in unmittelbarem Zusammenhang mit einer Theorie der Säkularisierung unserer Zeit und Kultur, wobei das Wort hier nicht im Sinne historischer Veränderungen gesellschaftlicher Institutionen – z.B. Trennung von Staat und Kirche –, sondern als innere, geistige Veränderung zu verstehen ist, als Säkularisierungsprozeß des *Bewußtseins*. Das Angebot an Beweisen aus der Empirie für diese Theorie ist nicht gerade überwältigend. Bedenkt man die Wichtigkeit der Frage, so erwartet man eigentlich, daß offiziell bestallte Beobachter des Zeitgeschehens, z. B. Soziologen, ihr einige Anstrengung gewidmet hätten, um auf Antworten vorbereitet zu sein. Aber in letzter Zeit haben sich die Theologen – mit wenigen Ausnahmen – kaum dafür interessiert, vielleicht weil sie nun einmal auf die Idee des wissenschaftlichen „Fortschritts" eingeschworen sind. Im Lichte dieser Idee ist die Religion nur ein verblassender Rest aus Zeiten dunklen Aberglaubens, ein moribundes Phänomen, an dessen Erforschung man besser keine Kräfte verschwendet. Das Fähnlein der sieben Aufrechten, die sich dennoch um die Religionssoziologie scharen, kann uns auch nicht viel weiterhelfen [5]. Religionssoziologen empfinden nun einmal – und sei es nur aus Selbstachtung – Religion nicht als moribund. In religionssoziologischer Sicht fällt sie vielmehr fast immer mit ihren überlieferten Institutionen zusammen. Das bedeutet, daß Religionssoziologie heute meistens *Soziologie der Kirchen* ist. In diesem mehr oder weniger eingeengten Feld hat sich allerdings einiges an Beweismaterial für die Säkularisierungstheorie angesammelt. Die meisten Daten, die sich hauptsächlich auf europäische Verhältnisse beziehen, stammen aus der Schule der – katholisch inspirierten – sogenannten „religiösen Soziologie" [6]. Erst in neuester Zeit gibt es in Amerika ganz

---

[5] Thomas Luckmann, *The Invisible Religion: The Problem of Religion in Modern Society*, Macmillan, New York 1967. Dies ist die überarbeitete englische Fassung des ursprünglich auf deutsch erschienenen Buches: *Zum Problem der Religion in der modernen Gesellschaft*, Rombach, Freiburg i. Br. 1963.

[6] Die meisten Arbeiten auf diesem Gebiet sind nicht ins Englische übersetzt. Wichtig ist jedoch die in Europa erscheinende, englischsprachige Zeitschrift dieser Forschungsrichtung *Social Compass*. Für Amerika wäre die katholische Zeitschrift *Sociological Analysis* zu nennen. Auch das Nachschlagewerk *Sociology of Christianity; An International Bibliography* (hrsg. von Hervé Carrier und Emile Pin), Gregorian University Press, Rome 1964, leistet gute Dienste. Von der Besonderheit dieser Richtung geben die Beiträge von B. Boulard, F. A. Isambert und Emile Pin in dem von Louis Schneider edierten Textbuch *Religion, Culture and Society*, Wiley, New York 1964 (S. 385 ff., 400 ff. und 411 ff.), einen guten Eindruck. Auf deutsch sind einige dieser Arbeiten am

andere, interessante Ansätze einer methodisch sehr differenzierten Motivforschung für religiöse Betätigung[7].

Aufgrund des dort erarbeiteten, neuartigen Beweismaterials läßt sich mit einiger Sicherheit sagen, daß die Religiosität der modernen Gesellschaft im Rahmen der großen christlichen Kirchen abnimmt. In Europa zeigt sich das im allgemeinen an geringerem Gottesdienstbesuch bzw. Teilnahme an den Sakramenten usw. In Amerika dagegen hat die Beteiligung sogar zugenommen, wenn man nach den Mitgliederzahlen der Kirchen geht. Allerdings spricht manches dafür, daß die Beweggründe ganz andere als früher sind. Man kann mit gutem Gewissen behaupten, daß, verglichen mit früheren Zeiten, weniger Amerikaner ihrer Kirche um der Erlösung vom Übel willen und aus Angst vor der Hölle anhängen. Heute geht es eher um den moralischen Rückhalt für die Kinder, um das intakte Familienleben oder auch nur um den Lebensstil des Wohnorts. Den Unterschied zwischen den europäischen und den amerikanischen Verhältnissen bezeichnet Thomas Luckmann treffend als „Säkularisierung von innen" und „Säkularisierung von außen". Für beide liegen genügend Beweise vor, daß die alten konfessionellen Bindungen nicht nur in der Bevölkerung überhaupt, sondern sogar bei Leuten, die aus irgendwelchen

---

leichtesten zugänglich in: Joachim Matthes, *Kirche und Gesellschaft; Einführung in die Religionssoziologie II*, Rowohlt Verlag, Reinbek bei Hamburg 1968 (darin auch weitere bibliographische Angaben), einen Überblick vermittelt Thomas Luckmann: ‚Neuere Schriften zur Religionssoziologie', in: *Kölner Zeitschrift für Soziologie und Sozialpsychologie*, 12. Jg., 1960, Nr. 2.
[7] S. Charles Glock und Rodney Stark, *Religion and Society in Tension*, Rand McNally, Chicago 1965; und Charles Glock, Benjamin Ringer und Earl Babbie, *To Comfort and to Challenge; A Dilemma of the Contemporary Church*, University of California Press, Berkeley 1967. S. auch N. J. Demerath II, *Social Class in American Protestantism*, Rand McNally, Chicago 1965. Das wichtigste neuere religionssoziologische Werk über Amerika ist noch immer Gerhard Lenski, *The Religious Factor*, Doubleday, Garden City, N. Y. 1961; deutsche Ausgabe: *Religion und Realität; Eine Untersuchung über den Stellenwert der Religion in einer Industriegroßstadt*, Grotesche Verlagsbuchhandlung, Berlin 1967.

Gründen an ihrer Kirche festhalten, an Kraft verloren haben. Dabei bleibt die Frage allerdings unberührt, ob und wieweit außerhalb des traditionell christlichen bzw. kirchlichen Rahmens genuin religiöse Kräfte am Werk sind. Da Soziologen und ihresgleichen zudem erst seit relativ kurzer Zeit ihr Unwesen treiben, kann man noch nicht sagen, wieweit ihre Funde mit der Lage in früheren Zeiten, für die es andersartige und nur bedingt zuverlässige Unterlagen gibt, vergleichbar sind. Dank ihrer neuesten Tricks sind sie zwar imstande, mit einiger Präzision zu sagen, warum Amerikaner der sechziger Jahre unseres Jahrhunderts in christliche Kirchen eintreten. Wer jedoch die Motive, die sie entdeckt haben, mit der Situation von 1860 vergleichen will, kann sich nur auf Daten stützen, die der Fachjargon als „soft", d. h. als reichlich unzuverlässig, abzutun pflegt.

Wie dem auch sei, aufgrund der vorhandenen Unterlagen ist die These von der Abdankung der Transzendenz oder mindestens vom Nachlassen ihrer Wirkungskraft durchaus annehmbar. Zu hoffen bleibt, daß mehr und genaueres Material zum Vorschein kommt und daß Soziologen und Historiker bei der Aufarbeitung zusammenwirken. Schon jetzt ist die These empirisch allerdings mindestens so gut untermauert wie die meisten Generalisierungen über die Welt, in der wir leben. Wie immer die Vergangenheit gewesen sein mag – *heute* ist Transzendenz als sinnhafte Wirklichkeit, die *auch* zur Alltagswelt gehört, für die Mehrheit der Gesellschaft nicht mehr vorhanden oder in unerreichbare Fernen entrückt. Die Menschen scheinen ganz gut ohne sie auszukommen. Diejenigen aber, für die sie noch immer sinnhafte Wirklichkeit ist, befinden sich im Status einer Minderheit, genauer gesagt, einer *kognitiven Minderheit* –, eine Tatsache mit weitreichenden Auswirkungen.

Als kognitive Minderheit bezeichne ich eine Gruppe von Menschen, deren Weltanschauung sich in charakteristischen Zügen von dem unterscheidet, was in ihrer Gesellschaft sonst als Gewißheit gilt. Anders gesagt: eine kognitive Minderheit ist eine Gruppe, die sich um einen vom Üblichen abweichenden „Wissensbestand" gebildet hat bzw. bildet. Die Anführungszeichen bitte ich hier besonders ernst zu nehmen. Im Rahmen der Wissenssoziologie beziehen sich die Worte „Wissen", „Wissensbestand", „Wissensvorrat" immer auf das, was für „Wissen" *gehalten* oder woran als an „Wissen" *geglaubt* wird. Der Terminus „Wissen" ist, mit anderen Worten, streng neutral gegenüber der Frage, ob das in der Gesellschaft „Gewußte" letztlich wahr oder falsch ist. Auf Wissen in diesem Sinne gründen sich alle Gesellschaften. Worin sie sich durch ihr Wissen voneinander unterscheiden, versucht die Wissenssoziologie zu erkennen. Auch das Adjektiv „kognitiv" gehört, so wie ich es verwende, natürlich eigentlich in Anführungsstriche. Statt festzustellen, eine Gesellschaft habe einen Wissensvorrat oder Wissensbestand, kann man auch sagen, sie hat kognitive Strukturen. Auch das enthält wiederum keinerlei Werturteil. Wann immer das Adjektiv in den folgenden Ausführungen vorkommt, bitte ich daran zu denken. Mit einfachen Worten: der Soziologe als Soziologe bleibt immer in der Rolle des Berichterstatters. Er berichtet, daß Leute glauben, sie „wüßten" dieses und jenes, und daß ihr Glaube diese und jene Folgen hat. Sobald der Soziologe sich eine Meinung darüber gestattet, ob der betreffende Glaube letzten Endes gerechtfertigt ist, tritt er aus der Rolle des Soziologen heraus. An diesem Rollenwechsel ist nicht das geringste auszusetzen, und ich beabsichtige, ihn in Kürze selbst zu praktizieren. Nur muß man sich klar darüber sein, was man tut, wenn man etwas tut.

Die Menschen sind auf Gedeih und Verderb soziale Wesen. Zu ihrem „Sozial-Sein" gehört auch das, was sie denken oder von der Welt zu „wissen" glauben[8]. Das meiste, was wir „wissen", haben wir von anderen, die für uns glaubwürdig sind, übernommen.

---

[8] Eine systematische Darstellung dieser Zusammenhänge im Rahmen einer Theorie der Wissenssoziologie findet sich bei Peter L. Berger und Thomas Luckmann, *The Social Construction of Reality,* Doubleday, Garden City, N. Y. 1966; deutsche Ausgabe: *Die gesellschaftliche Konstruktion der Wirklichkeit,* in der Reihe CONDITIO HUMANA, S. Fischer, Frankfurt/M. 1969.

Und nur weil es uns andere ständig bestätigen, bleibt „Wissen" für uns ständig plausibel. Unser mit der Gesellschaft geteiltes und gesellschaftlich als Gewißheit hingenommenes „Wissen" ist es, was uns die Möglichkeit gibt, uns mit einigem Zutrauen in der Alltagswelt zu bewegen. Umgekehrt ist die Plausibilität von Wissen, das die Gesellschaft nicht teilt, das unsere Mitmenschen anfechten, gefährdet, nicht unbedingt nur im Verkehr mit anderen, sondern viel tiefer, bis in unser innerstes Selbst hinein. Der Status einer kognitiven Minderheit ist demnach ziemlich unbequem, nicht einmal so sehr, weil die Mehrheit die Minderheit unter Druck setzte, sondern einfach, weil sie es ablehnt, die Wirklichkeitsauffassungen der Minderheit als „Wissen" anzuerkennen. Im besten Falle wird die Weltauffassung einer Minderheit in die Defensive gedrängt; im schlechtesten hört sie auf, irgend jemandem noch plausibel zu sein.

Über die gesellschaftliche Verflochtenheit unseres kognitiven Lebens gibt es höchst alarmierende Untersuchungen, auf die wir hier leider nicht näher eingehen können [9]. Nur ein Beispiel für die Bedeutung dieser Verflochtenheit: Wenn jemand aus einem Kulturbereich, zu dessen Jedermanns-Wissen gehört, daß die Sterne auf das Geschehen in der Menschenwelt einwirken, nach Amerika kommt, muß er alsbald erfahren, was es heißt, zu einer kognitiven Minderheit zu gehören. Überrascht, betroffen, erheitert oder nachsichtig hört man ihm zu. Man versucht, ihn aufzuklären, zu „bilden", oder man ermuntert ihn, sich mit seinen exotischen Vorstellungen zur Schau zu stellen und die Rolle einer ethnischen Rarität zu spielen. Wenn er sich gegen diese massive Anfechtung seiner bislang als Gewißheit empfundenen Wirklichkeit nicht abkapseln kann – was nur im Refugium einer Gruppe von Gleichgesinnten möglich wäre –, beginnt er allmählich selbst, sein angefochtenes „Wissen" zu bezweifeln. Gegen Zweifel

---

[9] Op.Cit., S. 135 ff.; in der deutschen Ausgabe: S. 157 ff. Für die entsprechenden sozialpsychologischen Vorgänge vgl. Solomon Asch, *Social Psychology*, Pentrice-Hall, New York 1952, S. 387 ff.

kann man allerlei unternehmen. Unser kognitiv Vereinsamter könnte z. B. beschließen, seine Weisheit für sich zu behalten und ihr damit jeden gesellschaftlichen Rückhalt zu entziehen – oder, anders herum, Proselyten zu machen. Er könnte sich auch auf einen Kompromiß besinnen, etwa indem er sich für die Gültigkeit seiner astrologischen Heimatkunde „wissenschaftliche" Begründungen zurechtlegt, damit hätte seine Wirklichkeit allerdings schon kognitive Bazillen seiner Bedränger aufgenommen. Die Kraft, gesellschaftlichem Druck standzuhalten, ist bei den einzelnen Menschen verschieden stark entwickelt. Der voraussehbare Ausgang des ungleichen Kampfes ist jedenfalls der Zerfall der Plausibilität des bedrohten „Wissens" im Bewußtsein dessen, der es hegt. Unser Beispiel mag vorbelastet sein – schließlich „wissen" Autor und Leser dieses Buches, daß Astrologie Phantasterei ist.

Kehren wir es also um: auch wenn ein Amerikaner an den fernen Küsten einer astrologischen Kultur strandet, wird er bald feststellen müssen, daß sein „wissenschaftliches" Weltbild ins Wanken gerät, und zwar unter dem gleichen gesellschaftlichen Ansturm, dem die Astrologie in Amerika ausgesetzt ist. Auch sein Ende ist vorhersehbar. Solches stößt z. B. den Kulturanthropologen bei der Feldforschung zu. Sie nennen dies „Kulturschock" und wappnen sich dagegen mit vielen Absonderungsriten (was übrigens die latente psychologische Funktion der Methoden der Feldforschung ist). So halten sie sich z. B. an andere Außenseiter in der zu erforschenden Kultur oder pflegen mindestens Außenseiterkontakte. Am besten ist es, nach möglichst kurzem Aufenthalt das Forschungsfeld zu verlassen und sich nach Hause zu begeben. Die Strafe für fehlende Distanzierung kann nämlich sein, daß man zum Pseudoeingeborenen wird: „to go native" im Jargon der Kulturanthropologie. Manchen Forschern ist das aus methodischen Gründen übrigens höchst willkommen – das ist dann „participant observation", ein Fachausdruck der amerikanischen Völkerkunde und Soziologie, den man nicht eben glücklich mit „teilhabender Beobachtung" wiedergeben könnte, besser aber gar nicht übersetzt. Andere Ethnologen verlassen sich auf ihr Einfühlungsvermögen („Empathie"). Sobald man jedoch *kognitiv* ins Lager der Eingeborenen hinüberwechselt, d. h. ihr Weltbild zu seinem eigenen macht, kann man keine Kulturanthropologie mehr treiben. Mit einem solchen Schritt stellt man sich außerhalb der Verbindlichkeiten jener Sinnwelt, für die ein Unterfangen wie die Kulturanthropologie etwas bedeutet, für die es „wirklich" ist.

Bis hierher haben wir die These vom Abdanken der Transzendenz in der modernen Welt unterstützt, und zwar auf zweierlei Weise: Einmal haben wir zugegeben, daß sie sich empirisch belegen läßt. Andererseits haben wir auf den psychischen *und* gesellschaftlichen Druck aufmerksam gemacht, dem das Häuflein standhafter Verfechter des „Übernatürlichen" heute ausgesetzt ist. Daß wir uns zur Zeit in einer schweren Krise der Theologie befinden, dürfte danach nicht zweifelhaft sein. Der Theologe lebt schließlich wie jeder andere Mensch in einer sozialen Umwelt. Auch er ist das Produkt von Sozialisationsprozessen. Auch er hat sein „Wissen" auf dem Wege über die Gesellschaft erworben, bedarf der Stützung durch die Gesellschaft und ist anfällig für deren Druck. Wenn wir die Wörter „übernatürlich" und „transzendent" im oben erläuterten Sinne verstehen, kommt noch hinzu, daß mindestens in der Vergangenheit ihre Bedeutsamkeit die unerläßliche Voraussetzung der Theologie war. Wenn man heute ganz selbstverständlich von der Abdankung der Transzendenz spricht, *wenn selbst der Theologe* zur Charakterisierung der Lage, in der sich die Theologie befindet, *dies tut,* so muß die Theologie demnächst auf wahrhaft ungewöhnliche Schwierigkeiten gefaßt sein. Der Theologe gleicht mehr und mehr einem Zauberkünstler unter lauter logischen Positivisten – oder einem logischen Positivisten unter lauter Zauberkünstlern. Ob er will oder nicht, er muß die Exorzismen seiner kognitiven Widersacher über sich ergehen lassen. Früher oder später werden sie ihre Wirkung tun und die alten Gewißheiten ins Wanken bringen.

Historische Krisen beschränken sich selten auf einen dramatischen Augenblick. Sie erstrecken sich oft über ganze Perioden, und die Betroffenen erleben sie höchst unterschiedlich. In einer seiner berühmten Passagen über „Gottes Tod" sagt Nietzsche: „Dies ungeheure Ereignis ist noch unterwegs und wandert, es ist noch nicht bis zu den Ohren der Menschen gedrungen. Blitz und Donner brauchen Zeit, das Licht der Gestirne braucht Zeit, Taten brauchen Zeit, auch nachdem sie getan sind, um gesehen und gehört zu werden."[10] So wäre es denn nur allzu naiv, erwarten zu wollen, daß die Abdankung der Transzendenz von jedem Standpunkt unserer Kultur aus gleich deutlich erkennbar wäre und von denen, die sie zur Kenntnis nehmen, in gleicher Weise erlebt würde. Noch sind genug religiöse und theologische Umwelten da, in denen die Krise nur wie das Echo eines Donnerwetters, das anderswo niedergegangen ist, wahrgenommen wird. Anderswo spürt man schon ihre Vorläufer, aber sie ist „noch unterwegs". Es gibt jedoch bereits Kreise, in denen sie als Gefahr von innen, als Riß mitten durch das Gewebe aus Glauben, Denken und religiöser Praxis aufgebrochen ist. Und wir wissen von Bereichen, in denen der Gläubige und der Theologe sich wie in einer von allen Sterblichen verlassenen Ruinenlandschaft ausnehmen.

Diese Unterschiede bei der Aufnahme und Verarbeitung der Krise laufen quer durch alle traditionellen religiösen Gruppierungen der abendländischen Kultur. Diese Gruppierungen selbst sind auch wichtig, gerade wenn man den übergreifenden Charakter der Krise erkannt hat. Am längsten und nächsten hat der Protestantismus mit ihr gelebt. Er hat sie eher als innere denn als äußere Sintflut erfahren. Das liegt daran, daß das protestantische Denken von jeher für den Geist der Moderne offen war. Diese Offenheit hat ihre historischen Wurzeln höchstwahrscheinlich nicht nur in einer besonderen Affinität, sondern, wie Max Weber und andere nachgewiesen haben, in der ausschlaggebenden Rolle, die der Protestantismus bei der Entstehung der Modernen Welt gespielt hat. Wie dem auch sei: seit einem runden Jahrhundert neigt das protestantische Denken zur Anpassung an die Betonung des Diesseiti-

---

[10] Friedrich Nietzsche, *Die fröhliche Wissenschaft*, Abschnitt ‚Der tolle Mensch', Kröner, Stuttgart ⁶1965, S. 141.

gen, die für die Neuzeit charakteristisch ist. Das hat schon 1799 begonnen, als Schleiermacher seine berühmte Schrift *Über die Religion; Reden an die Gebildeten unter ihren Verächtern* veröffentlichte. Im 19. Jahrhundert bis hin zum Ersten Weltkrieg dominierte eine liberale Theologie, die ihre Hauptaufgabe in der Anpassung an die (wirklich oder vermeintlich) moderne Weltanschauung sah – mit dem Ergebnis einer immer weiter um sich greifenden Demontage des transzendentalen Gehalts in der christlichen Überlieferung. Auch hinsichtlich des Publikums, das er ansprechen wollte, hat sich Schleiermacher als ein Prophet erwiesen. In der Folge machte die protestantische Theologie immer mehr Zugeständnisse an immer mehr „gebildete Verächter", d. h. an „aufgeklärte" Wissenschaftler und Lehrmeinungen, um deren Anerkennung es ihr zu tun war bzw. die sie ihrerseits anerkannte. Mit anderen Worten: Die protestantischen Theologen haben sich mehr und mehr auf ein Spiel eingelassen, dessen Regeln ihnen ihre kognitiven Antagonisten diktierten. Diese kuriose Anfälligkeit – um nicht von Charakterschwäche zu sprechen – läßt sich zwar wahrscheinlich soziologisch erklären. Was uns hier jedoch interessiert, ist das Ergebnis: eine Verödung der alten Inhalte, die im Extremfall so weit geht, daß von Religion nichts als hohle Rhetorik übrigbleibt. Neuerdings sieht es so aus, als sei der Extremfall schon zur Norm geworden.

Eine Zeitlang – ungefähr vom Ende des Ersten Weltkriegs bis nach dem Zweiten (wobei zwischen Amerika und Europa, aber auch bei den verschiedenen christlichen Sekten gewisse Zeitverschiebungen bestehen) – schien der Weg in umgekehrter Richtung zu verlaufen. Diese Periode trug den Stempel einer Richtung, die sich abwechselnd Neo-Protestantismus, dialektische Theologie oder – vielleicht am treffendsten – Neo-Orthodoxie nannte. Karl Barths *Römerbrief* war der Posaunenstoß, der sie 1919 eröffnete. Leidenschaftlich und ohne Pardon ging Barth – besonders in den Schriften der zwanziger Jahre – mit dem liberalen Protestantismus und seinen Voraussetzungen ins Gericht. Er rief zur Rückkehr zum Glauben der Reformation auf. Was er forderte, war ein bedingungsloser Glaube, gestützt allein auf die Offenbarung, nicht auf menschliche Vernunft oder Erfahrung. Rückschauend erkennt man, daß diese Periode den Zug zur Säkulairsierung nur unterbrochen, nicht umgewendet hat. Dazu waren die historischen und sozialpsychologischen Voraussetzungen, nämlich die durch die Schrecken der Kriege, Revolutionen und Wirtschaftskatastrophen bedingten schweren Erschütterungen des Selbstvertrauens, allgemein kulturell und für das Christentum ganz besonders, zu zeitbeschränkt. Besonders betroffen war natürlich der deutschsprachige Protestantismus in seiner Konfrontation mit den antichristlichen Delirien des Nationalsozialismus. Gewisse liberale Theologen haben die Neo-Orthodoxie als eine Art Front- und Nachkriegsneurose bezeichnet, was historisch gesehen durchaus plausibel ist. Jedenfalls ist es keine große Überraschung, daß die „Normalisierung" der gesellschaftlichen Zustände nach dem Zweiten Weltkrieg (in Deutschland übrigens genau datierbar und in der Eindeutigkeit des Zusammenfallens mit der Währungsreform von 1948 fast peinlich offenbar) einen raschen Niedergang der Neo-Orthodoxie und die Wiederbelebung der verschiedenen liberalen Richtungen mit sich brachte.

Der konservative Protestantismus ist an manchen Stellen natürlich auch heute noch mehr oder weniger intakt, freilich meistens an den Rändern der städtischen Mittelklassengesellschaft. Seine Zentren wirken wie belagerte Festungen, und militantes Gebaren verdeckt nur unzureichend die Panikstimmung, in die er geraten ist. Gelegentlich kommt es dabei zu Ausbrüchen einer fast hysterischen, frustrierten Aggressivität. Die Neo-Orthodoxen aber – noch vor wenigen Jahren vermeintlich die Repräsentanten einer neuen Reformation – schleppen sich heute nur noch dahin und verlieren immer mehr an Einfluß. Die meisten sind bejahrte Veteranen aus Schlachten, die für eine neue Generation unwirklich sind: beispielsweise die Schlachten im deutschen Protestantismus der dreißiger Jahre. Mit dem, was junge Theologen heute bewegt, haben die klassischen Barthianer oft noch weniger gemein als die alten Konservativen, die ihre Orthodoxie nie mit der gefährlichen Silbe „Neo" verbrämt haben. Die Novitäten der letzten beiden Jahrzehnte scheinen allesamt da wieder anzuknüpfen, wo die Liberalen einst abbrechen mußten. Mit Sicherheit gilt das – bis hinein in die Biographie – für Paul Tillich und Rudolf Bultmann. Tillich sah die „Korrelation" als dringende Aufgabe der Theologie an, womit er die Abstimmung der christlichen Lehre auf philosophische Wahrheitsfindung meinte. Bultmann wollte mit seiner „Entmythologisierung" die Erneuerung der christlichen Botschaft durch eine Sprache, die sich des ganzen übernatürlichen Zaubers einer früheren Menschheitsperiode zu entledigen hätte. Sowohl Tillich als auch Bultmann paktierten in den Begriffen, die sie einführten, um das Christentum für den modernen Menschen zu „übersetzen", mit dem Existentialismus vor allem Heideggers. Die späteren Bewegungen, die „radikale" und die „säkulare" Theologie, sind noch eindeutiger zum alten Liberalismus zurückgekehrt, wobei sie die „gebildeten Verächter", denen sie sich verschrieben haben, von der Psychoanalyse, der Soziologie, dem Existentialismus oder der *Linguistic Analysis* beziehen [11]. Die Selbstvernichtung der Theologie vollzieht sich mit einem geradezu ans Komische grenzenden Enthusiasmus. Sie kulminiert darin, daß „Gott-ist-tot-Theologie" und „christlicher Atheismus" sich selbst ad absurdum führen. Kein Wunder, daß der theologische Nachwuchs, daß Studenten, die besonders empfindlich reagieren und keineswegs wild darauf sind, den jeweils letzten Rummel „mitzumachen", der Situation mit tiefer Skepsis begegnen. Die Frage „Was nun?" kann zwar ein Ausdruck von Effekthascherei und Koketterie sein. Sie kann aber auch *de profundis* kommen. In Amerika ist die Entscheidung für politische Aktivität – bei den unglaublichen innen- und außenpolitischen Zuständen des Landes moralisch nur allzu begründet – oft eine willkommene

---

[11] S. Peter L. Berger, ‚A Sociological View of the Secularization of Theology', in: *Journal for the Scientific Study of Religion*, Frühjahr 1967. Hier findet sich eine detailliertere Untersuchung der ganzen Konstellation.

Erleichterung, ein befreiender „Sprung" aus dem Zwielicht der Unentschlossenheit zur Entschlossenheit der Hingabe an eine Aufgabe.

Im Katholizismus liegen die Dinge wenigstens zum Teil etwas anders, weil die moderne Welt dem Katholizismus von Anfang an nicht ganz geheuer war. So erwiesen sich denn seine kognitiven Abwehrmaßnahmen bis in allerjüngste Zeit als wirksamer. Die Grundstimmung im Katholizismus während des ganzen 19. Jahrhunderts, als der Protestantismus seine große Liebesgeschichte mit dem Zeitgeist hatte, war, das kann man wohl sagen, ein imponierender Trotz. Beispielhaft dafür ist die Figur Papst Pius' IX., dessen *Syllabus der Irrtümer* von 1864 – neben anderen modernen „Greueln" – die Forderung, daß der Bischof von Rom sich mit Fortschritt, Liberalismus und Zivilisation neuester Observanz zu versöhnen habe, in Acht und Bann tat. Unter seinem Pontifikat wurde nicht nur das Dogma von der unbefleckten Empfängnis, sondern auf dem Ersten Vatikanischen Konzil im Juli 1870 auch die Unfehlbarkeit des Papstes verkündet, zwei Volltreffer gegen die „Zivilisation neuester Observanz", welche zwei Monate später in Gestalt der Armee Viktor Emmanuels ihren Einzug in Rom hielt. Der ganze Starrsinn des Katholizismus gegen den Geist der Moderne kam noch einmal 1950 – im Morgengrauen des Sputnik – zum Ausdruck, als unter dem Pontifikat Pius' XII. das Dogma von der leiblichen Himmelfahrt Mariens verkündet wurde. Erst unter Johannes XXIII. drehte sich der Wind. Der Sturm der Veränderung macht keinen Bogen mehr um den Felsen der römischen Kirche.

Selbstverständlich gab es auch in ihr längst vorher modernistische Tendenzen. Aber in ihrer Verfassung standen ihr Mittel zur Verfügung, das Heraufkommen dieser Unterströmungen an die Oberfläche zu verhindern. Das ganze Säkularisierungssyndrom, einschließlich der Entthronung der Transzendenz, wurde *ex officio* als Krankheit diagnostiziert, eine Krankheit der profanen Welt außerhalb der Mauern der Kirche. Drinnen konnten Mysterien und Mirakel weiter ihr Werk tun, solange nur die kirchlichen

Kommandoposten entsprechend besetzt und zur Verteidigung gerüstet waren oder zu sein schienen. Fünfte Kolonnen, wie etwa die modernistische Richtung um die Jahrhundertwende, wurden prompt und wirkungsvoll unterdrückt und am Boden gehalten. Aber hier ist Freuds Gleichnis von der Hydraulik wahrlich am Platze: Wenn die unterdrückten Kräfte endlich losgelassen werden, können sie das ganze Dach wegblasen. Beim Zweiten Vatikanum ergoß sich das Wasser aus allen Rohren. In den alten Deichen wurden Löcher sichtbar. Nicht daß nicht noch immer genug Leute bereit und willens gewesen wären, die Löcher mit den Fingern zu stopfen – konservative Finger waren sogleich bereit. Und wenn nun auch der gesamte Hausrat im Wasser herumtreibt, die Konservativen können mit einigem Recht behaupten: „Wir haben es ja immer gesagt."

Die theologische Flut, die seit dem Zweiten Vatikanum weite Strecken des Katholizismus überschwemmt und unter sich begraben hat, ist noch ein Novum. Immer noch gibt es, besonders in jenen geographischen oder gesellschaftlichen Bereichen, die auf der Schattenseite der modernen Massenkommunikationssysteme liegen – vom Analphabetismus zu schweigen –, Inseln der Immunität gegen den Geist der Moderne. Aber aus intellektuellen katholischen Kreisen, am gesellschaftlichen Ort der Theologie also, sind in jüngster Zeit Kundgebungen von so erschütternder Modernität laut geworden, daß noch die „radikalsten" Protestanten dagegen altmodisch und lammfromm wirken. Der englische Religionssoziologe David Martin beschreibt, was da vor sich geht, kurz und bündig: „Die meisten protestantischen Länder der angelsächsischen Welt sind an religiöse Verödung so gewöhnt, daß auch noch weitere existentialistische Wolken den blanken Himmel ihrer Theologen kaum trüben werden. Wer sich aber noch unlängst auf den klar vorgezeichneten Bahnen der Scholastik bewegt und die Autorität der Kirche für unerschütterlich gehalten hat, dem droht ein wahrer Wolkenbruch. Wenn Katholiken aufhören, konservativ zu sein, werden sie leicht Marxisten, und die extremsten Existentialisten sind oft abgefallene Thomisten. Wie man den Mittelweg vermeidet, darauf verstehen sie sich"[12]. So ist es denn in der Theologie nicht anders als in der Politik: Wenn man sich aufs Glatteis der Opposition wagt, darf man sich nicht wundern, wenn man ins Rutschen gerät. Die Gefahr war vorauszusehen. Die Ironie des Schicksals ist nur, daß die liberalen Katholiken, bei denen die Soziologie – in Gestalt der katholischen Soziallehre – auf der Skala weltlicher Offenbarungen ganz obenan steht, sie nicht frühzeitig erkannt haben. Die alten Konservativen, für die Soziologie in jeder Gestalt pures Teufelswerk war und ist, haben viel früher Lunte gerochen. Vielleicht haben sie doch die besseren soziologischen Nasen?

Bei den Juden nahm sich die Krise wieder anders aus. Einmal hat es im Judentum – im Unterschied zum Christentum – nie allgemeinverbindliche, rigoros fixierte theologische Systeme gegeben. Die jüdische Orthodoxie war von jeher mehr eine Sache der Lebensführung als des Glaubens. Ein „strenggläubiger" Jude kann die modernsten Ideen haben, mit seiner Einstellung zu Familienausflügen am Sabbat und gewissen Salamisorten braucht er darum nicht in Konflikt zu geraten. Die Bemühungen Mordechai Kaplans zur „Rekonstruktion" der jüdischen Religion durch Aufgabe aller übernatürlichen Elemente waren zwar für ein paar rabbinische Kollegen ein rechtes Ärgernis; aber einen Sturm unter den amerikanischen Juden, wie ihn ein ähnliches Vorhaben – besonders zur Zeit seiner ersten Verbreitung in den dreißiger Jahren – in der Christenheit ausgelöst haben würde, hat er nicht erregt. Auf der anderen Seite hat das Judentum im Unterschied zu jeder westlichen Variante des Christentums eine ethnische Komponente, die zwar eng mit der religiösen Tradition verbunden ist, aber auch getrennt von ihr gesehen werden kann. Die Krise des Judentums in neuerer Zeit hängt mit dem sogenannten jüdischen Identitätsproblem zusammen, dessen bisher erfolgreichster Lösungsversuch der politische Zionismus war. Dennoch ist auch die

---

[12] Aus einem noch unpublizierten Rundfunk-Vortrag, ‚Sociologist Fallen Among Secular Theologians'.

jüdische Religion nicht weniger als das Christentum durch die Säkularisierung in ein ernstzunehmendes Dilemma geraten. Gewiß ist es richtig, daß die jüdische Religion in erster Linie *praktiziert* wird. Als Praxis ruht sie jedoch in einer besonderen kognitiven Sinnwelt, durch deren Verlust sie eben ihren „Sinn" einzubüßen droht. Die vielen Vorschriften, Gebote und Verbote des orthodoxen Judentums wären zur Absurdität verurteilt, wenn sie sich von einer Weltanschauung trennen würden, in der nun einmal auch das Transzendentale eine Rolle spielt. Das ganze Gebäude der traditionellen Frömmigkeit wäre, ungeachtet seiner Treue zum Althergebrachten und all seiner Sehnsüchte, ohne das transzendentale Element nichts als ein religionsgeschichtliches Museum. Manche Leute mögen Museen, aber leben möchten sie wohl doch nicht darin. Die außertheologischen Lösungsversuche des jüdischen Identitätsproblems würden sich bald recht dürftig ausnehmen, wenn es *weder* Antisemitismus *noch* die „natürliche" Gemeinschaft der Juden gäbe, der jeder einzelne ohne Ansehen seiner Religiosität nun einmal angehört. Das Schwinden beider Voraussetzungen in Amerika bereitet den Wortführern des Judentums heute einiges Kopfzerbrechen. In Israel aber, wo die zweite Voraussetzung, die Gemeinschaft der Juden, besteht, kündigen die endlosen, bis zu juristischen Quisquilien ausartenden Kontroversen über das Verhältnis von israelischer Nationalität, jüdischer Religion und der schlichten Tatsache, Jude zu sein, neue Varianten des alten Identitätsproblems an. Jedenfalls kann man weder in Amerika noch in Israel die jüdische Religion von der Krise, um die es uns hier geht, ausnehmen [13].

Der Reflex der Krise bricht sich also, wie wir gesehen haben, in den Prismen der verschiedenen Religionen verschieden. Aber

---

[13] Zur Krise der jüdischen Religion in unserer Zeit vgl. Arthur Cohen, *The Natural and the Supernatural Jew; A History and Theological Introduction,* Pantheon Books, New York 1962; deutsche Ausgabe: *Der natürliche und der übernatürliche Jude; Das Selbstverständnis des Judentums in der Neuzeit,* Freiburg und München 1966.

keine Religion der westlichen Welt ist von ihr verschont geblieben. Daß Gesellschaften auf der anderen Seite der Erde, die im Prozeß der Industrialisierung und Modernisierung stehen, bald vor denselben Problemen stehen werden – und zwar in der Form, daß Modernisierung und Krise gleichen Schritt halten –, wäre, freilich nicht an dieser Stelle, einen Nachweis wert.

Der Prototyp für die Konfrontation von Religion und Moderne ist der Protestantismus. Bezeichnenderweise sprechen katholische und jüdische Autoren in Amerika von einer „Protestantisierung" und weisen dabei auf neue Züge im Leben ihrer Gemeinden hin, die protestantischen Einfluß vermuten lassen (z. B. daß die Kirche bzw. Synagoge zum gesellschaftlichen Mittelpunkt der Gemeinde wird oder daß die Geistlichkeit bei politischen oder gesellschaftlichen Anlässen in der Öffentlichkeit auftritt). Man sollte den Audruck jedoch noch ernster nehmen. Für die anderen Religionen kann der Protestantismus geradezu als Paradebeispiel der Krisenwirkungen dienen. Er war das erste Angriffsziel der Säkularisierung. Er war es, der sich zuerst mit Gesellschaften arrangierte, in denen mehrere Bekenntnisse gleichberechtigt nebeneinander lebten, wobei dieser Pluralismus der Bekenntnisse durchaus als Zwillingsphänomen der Säkularisierung anzusehen ist[14]. Die protestantische Theologie stellte sich als erste den Attacken auf die christliche Transzendenz. Die Geschichte des Protestantismus ist exemplarisch gerade da, wo sie beklagenswert ist. Katholische und jüdische Schriftsteller, die gelegentlich gönnerhaft vom Schicksal des Protestantismus sprechen, täten besser daran, die Schrift an der Wand zu lesen und zu wissen, daß auch sie gegen die Fährnisse ihrer Kollegen von der anderen Fakultät nicht immun sind.

Alle bisherigen Voraussagen über den weiteren Verlauf des Säkularisierungsprozesses hängen offenbar von der Einstellung zu seinen Ursprüngen und den ihn bewegenden Kräften ab. Über

---

[14] S. Peter L. Berger und Thomas Luckmann, ‚Secularization and Pluralism', in: *Internationales Jahrbuch für Religionssoziologie – International Yearbook for the Sociology of Religion*, Bd. 2, Köln-Opladen 1966.

seine Ursprünge gibt es die verschiedensten Theorien [15]. Man hält sich an die Geistesgeschichte im allgemeinen und den Rationalismus der Naturwissenschaften im besonderen, ja sogar an eine heimliche Weltlichkeit der Bibel. Wer soziologische Faktoren bevorzugt, spricht von Industrialisierung, Verstädterung, Gruppenpluralismus, wachsender Mobilität usw. Was man aber auch anführen mag – die Schwierigkeit bleibt immer die nämliche: die Frage, warum und wieso sollte irgendeiner dieser Faktoren irgendwann – z. B. auf Geheiß der Theologen – reversibel sein? Deshalb ist es gescheiter, ein hohes Maß an Säkularisierung als Begleiterscheinung der modernen Industriegesellschaft – wenigstens so, wie sie bisher auf den Plan getreten ist – hinzunehmen und mit plötzlichen Veränderungen oder gar einer abrupten Umkehr in voraussehbarer Zukunft gar nicht erst zu rechnen. Kahn und Wiener haben den amüsanten und euphemistischen Ausdruck „überraschungsfreie Welt" geprägt. Ihnen schwebt dabei eine Welt vor, in der die schon vorhandenen „Trends" sich fortsetzen, ohne daß völlig neue, unerwartete Faktoren auftreten.

Unsere Futurologen allerdings zeigen sich bei der Vorstellung einer „überraschungsfreien" Zukunft leicht gereizt. Recht haben sie. Ob wohl jemand, dem im späten 15. Jahrhundert schon moderne sozialwissenschaftliche Methoden zur Verfügung gestanden hätten, so übermütig gewesen wäre, die ungeheure Bedeutung der Reformation vorauszusagen – oder im 1. Jahrhundert die Expansion des Christentums? Die Geschichte ist randvoll von „Überraschungen", das macht sie ja gerade so kurzweilig. Heutzutage kann man sich nur zu gut alle möglichen „Überraschungen" ausmalen, die, ob es um Säkularisierung oder welchen „Trend" auch immer geht, alles auf den Kopf stellen würden: einen Atomkrieg, der die halbe Erde verwüstet, den totalen Zusammenbruch der kapitalistischen Wirtschaft, permanenten Rassenkrieg in Amerika und was der erheiternden Aussichten mehr sind. Wenn

---

[15] S. Berger, *The Sacred Canopy*, loc. cit., S. 105 ff.

uns auch nur *eine* derartige „Überraschung" bevorstehen sollte, sind alle weiteren Voraussagen müßig. Was hülfe es uns schon, die unheimliche Heraufkunft neuer Religionen bei den geplagten Überlebenden eines atomaren Armageddon zu prophezeien? Auch fehlen uns, auf dem Gebiet der Religion jedenfalls, die Grundlagen, um theoretisch durchspielen zu können, was Kahn und Wiener „kanonische Variationen" – Konstellationsmöglichkeiten für das Zustandekommen von „Überraschungen" – nennen. Dennoch brauchen wir die Hände nicht in den Schoß zu legen. Wenn wir z. B. von der Annahme ausgehen, der Zug zur Säkularisierung setzte sich weiter durch, so stellt sich die Frage ganz von selbst, welche Wahl der Religion bzw. der Theologie dann noch bleibt. Sicher ist nur, daß sie sich auf die Bedingungen kognitiver Minderheiten einrichten muß.

Die Grundfrage ist leicht formuliert: Man hat nur die Wahl, ob man am Zustand kognitiver Abweichung festhalten oder aufgeben soll. Das ist zwar eine ideelle Entscheidung, die aber praktische gesellschaftliche Folgen hat.

Ein so klares Entweder-Oder ist selten im Leben. Wenn man erkennen will, was dazwischenliegt, muß man sich die Extremsituationen einmal ausmalen. Die eine wäre in unserem Falle der Entschluß, im Rachen des Löwen einer kognitiv antagonistischen Welt auf übernatürliche Kräfte zu bauen und notfalls diesem Vertrauen neue Formulierungen zu geben. Dazu braucht man ein steifes Rückgrat, muß allen Lockungen der Welt widerstehen und den Ansichten der anderen die eigene, erhabene Gleichgültigkeit entgegensetzen können. Ein Theologe von solchem Schrot und Korn bleibt auf seinem Posten. Er läßt sich den Glauben an das Übernatürliche nicht aus den Zähnen ziehen, und wenn Tod und Teufel selber auf ihn eindrängen. Je weiter die Säkularisierung geht, desto schwerer ist seine Position zu halten, und er muß sich der stärksten gesellschaftlichen und sozialpsychologischen Repressalien erwehren. Wenn er nicht das Zeug zum Prediger in der Wüste hat, gibt es vor dem kognitiven Zusammenbruch nur eine Rettung: er muß Gleichgesinnte finden und sie möglichst eng um sich scharen. Nur in einer starken Gegengemeinde hat kognitives Abweichlertum eine Überlebenschance. Die Gegengemeinde hat probate Mittel gegen nagende Zweifel des Individuums: ob es nicht etwa doch falsch liegt, ob die Majorität nicht doch recht hat usw. Wenn die Gegengemeinde ihre Stützfunktion für den abweichlerischen „Wissens"vorrat erfüllen soll, müssen ihre Mitglieder eine verschworene Gemeinschaft sein, eine „Gemeinschaft der Heiligen" in einer Welt, in der es von Teufeln wimmelt. Sie muß sich nach allen Seiten hin gegen die Außenwelt abriegeln („Lasset Euch nicht ins Joch spannen mit den Ungläubigen!"). Sie muß – und wird ein Getto werden.

Menschen können ins Getto eingesperrt werden. Sie können aber auch freiwillig darin leben. Schließlich hat das Judentum ursprünglich selbst das Getto gewählt, ja geschaffen, nicht unter äußerem Zwang, sondern um seiner eigenen religiösen Belange willen. Vielleicht war schon in der babylonischen Gefangenschaft die nach außen verschlossene jüdische Gemeinde der gesellschaftliche Ausdruck (und zwar ein soziologisch notwendiger) für die Einzigartigkeit der jüdischen Religion. Die Rabbiner haben wohl begriffen, daß ohne die Trennmauern der Gesetzesvorschriften das Judentum inmitten von Nichtjuden nicht lebensfähig bleiben würde. Die theologische Trennwand bedurfte zwangsläufig des gesellschaftlichen Analogons. Wer sich freiwillig einmauern läßt, muß unerschütterliche Gründe dafür haben. Wo die nicht vorhanden sind, kann nur Verfolgung oder starker Druck von außen die gesellschaftlichen Bedingungen schaffen, unter denen kognitives Abweichlertum überleben kann.

Wenn Menschen aus eigenem Entschluß abgesondert von der übrigen Gesellschaft leben, haben wir es mit dem Phänomen des Sektierertums zu tun. Wie die Alltagssprache bezeichnet auch die Soziologie als „Sekte" eine relativ kleine Glaubensgemeinschaft, die mit der umgebenden Gesellschaft auf mehr oder weniger gespanntem Fuß steht, sich gegen sie abschirmt, um nicht zu sagen abriegelt, und hohe Ansprüche an die Loyalität und Solidarität ihrer Mitglieder stellt. Der feste Entschluß, auf kognitiver Abweichung zu bestehen, ist gleichbedeutend mit dem Entschluß zu sektiererischer gesellschaftlicher Organisationsweise. Das Leben in solchen Sekten muß irgendwie motiviert sein. Manchmal sind die Motive ganz „natürlich", wenn die Sekte oder Getto-Gemeinde z. B. einer ethnischen oder Klassenschranke entspricht, welche die umgebende Gesellschaft errichtet hat. Eine Zeitlang galt das für den Katholizismus in den Vereinigten Staaten. In dem Maße, in dem sich die Schranke jedoch öffnete, fielen auch die Motive für das Sektierertum weg. Manchmal ist die Gesellschaft im ganzen so unerfreulich, daß eine sektiererische „Unterwelt" über ihren eigenen Wirkungsbereich hinaus anzieht und ausstrahlt. Das ist ein Faktor, der wahrscheinlich für die Bedeutung der Neo-Orthodoxie im europäischen Protestantismus eine wichtige Rolle gespielt hat. In einer Welt voller Nazis konnte man wohl zum Barthianer werden.

Das Peinliche für Leute, die einen Hang zur Sektenbildung haben, ist nun leider, daß sich – mindestens wenn man sich die Zukunft „überraschungsfrei" vorstellt – so „günstige" Umstände kaum wieder einstellen dürften. Soziale Mobilität und Integration nehmen wahrscheinlich zu. Daß moderne Regierungen auf einmal verbindliche Staatsreligionen einsetzen, nachdem der Zug so lange in der Gegenrichtung gefahren ist, läßt sich schwer vorstellen. Auch die strammsten Marxisten scheinen allmählich den Geschmack an Christenverfolgungen verloren zu haben. Nicht nur für die Aufrechterhaltung religiöser Monopole in größeren Gesellschaftsgruppen sieht es heute ungünstig aus. Es ist sogar ein offener Markt für Weltanschauungen, religiöse und sonstige, entstanden, auf dem die Sekten schlecht mithalten können [16]. Mit anderen Worten: die heutige Zeit fördert offene Systeme des „Wissens", die miteinander konkurrieren und kommunizieren, nicht aber geschlossene Strukturen, in denen abweichlerisches „Wissen" in nennenswertem Ausmaß gedeihen könnte.

---

[16] Zum „offenen Markt" der Religionen in unserer Zeit vgl. Berger und Luckmann, ‚Secularization and Pluralism', loc. cit.

Die Entscheidung für kognitiven Widerstand bedeutet also, daß man sich auf allerlei gesellschaftliche „Betriebsstörungen" gefaßt machen muß. Dazu kommt, daß die großen christlichen Kirchen eine wie die andere eine tiefe Abneigung gegen alles Sektierertum haben. Das Christentum hat nun einmal Jahrhunderte des Universalismus und gesellschaftlichen Establishments hinter sich. Jeder Vorschlag, gewissermaßen in den Untergrund zu gehen, wird bei Theologen und Geistlichen wenig Anklang finden, besonders im katholischen Lager. Der verdächtige Mißklang, die *contradictio in adjecto* bei Wortzusammenstellungen wie „katholische Sekte" oder „sektiererischer Katholizismus" stehen allein schon für ihre inhaltliche Unvereinbarkeit.

Der Gegenpol zu Widerstand ist Kapitulation. Wer sie wählt, konzediert – mit geringen oder gar keinen Vorbehalten – der „modernen Weltanschauung", wie immer sie sein mag, kognitive Überlegenheit und Autorität. Er verspeist den Zeitgeist mit Haut und Haaren und erlebt dabei ehrfürchtige Schauer, wie sie einer Communio im katholischen Sinne würdig wären. Modernistische Theologen sind oft tief gekränkt, ja geradezu fassungslos, wenn ihre brillanten Kollegs – anstelle altmodischer Predigten – kein Echo finden. Ihre Gefühle lassen sich nicht besser ausdrücken als mit den Worten des anglikanischen *Book of Common Prayer* an die lauen Kirchgänger bei der Austreibung der bösen Geister vor der Kommunion: „Herr, Du weißt, wie schmerzlich und freudlos es ist, wenn ein Mann ein Fest bereitet, die Tafel gedeckt und das Mahl aufgetragen hat, und es fehlen nur noch die Gäste. Aber die Undankbaren, die da geladen sind, wollen nicht kommen." Für den Augenblick besteht allerdings kein Grund zu solcher Klage. Der Festsaal quillt von Gästen schier über.

Kapitulation hat zur Folge, daß sich zunächst einmal die Aufgabe stellt, die überlieferten religiösen Gewißheiten zu *übersetzen*. Sie müssen in den Bezugsrahmen, der angeblich der modernen Weltanschauung entspricht, transponiert und eingepaßt werden. Zu diesem Zweck stehen dem Theologen verschiedene Vokabulare, einschließlich Grammatik und Syntax, zur

Verfügung. Je nach Neigung trifft er seine Auswahl unter den gebotenen Vorstellungen vom Wesen des modernen Weltbildes. Tillich und Bultmann hatten sich für existentialistische Variationen entschieden. Die amerikanische „radikale" Theologie hat diesen noch einen Schuß Jung, eine Prise *Linguistic Analysis* und ein Quentchen vulgärsoziologischen Pfeffer hinzugefügt. Die Verschiedenheit der Rezepte spielt für die Gerichte am Ende kaum eine Rolle. Sie schmecken alle zum Verwechseln ähnlich: Die Religion hat ihre transzendentalen Elemente mehr oder weniger liquidiert. Und die religiöse Sprache saugt ihren Honig nicht mehr aus den schimmernden Blüten des Jenseits, sondern tut sich an den synthetischen Früchten dieser Welt Genüge. Der Lohn für den tüchtigen Übersetzer ist, daß die gute alte Religion – und meistens auch die entsprechende Institution – in einem Kostüm auftritt, in dem sie für den Menschen von heute immer noch oder schon wieder „relevant" zu sein beansprucht.

Solche Manöver erfordern natürlich ein gerütteltes Maß an intellektueller Versiertheit und Elastizität. Die eigentlich soziologische Schwierigkeit ist jedoch eine andere. Die säkularisierte Theologie wirkt sich in ihren verschiedenen Spielarten nämlich – sofern sie sich nicht auf private Denkspiele beschränkt, eine Möglichkeit, die von den meisten Protagonisten aus Gründen des kirchlichen Zusammenhaltes strikt abgelehnt wird – auf die Praxis keineswegs eindeutig aus. Zwar wird der profane Empfänger ihrer Segnungen oft ein glücklicherer Mensch, weil sie seine existentielle Angst beschwichtigt oder – je nach Sprachregelung – seine archetypischen Wünsche erfüllt. Er wird auch zusätzlich oft ein besserer Staatsbürger, womit in der Regel ein entschiedener Liberaler gemeint ist. Das Peinliche an der Geschichte ist nur, daß ihm auch ganz und gar weltliche Einrichtungen zu diesen Segnungen verhelfen können. Das säkularisierte Christentum – und, was das betrifft, auch das Judentum – hat es gar nicht so einfach, nachzuweisen, daß sein jeweiliges Firmenschild, wenn es nur dem Zeitgeist abgeguckt ist, noch irgend etwas Besonderes verspricht. Warum soll man eigentlich Psychotherapie oder Rassenfriedensparolen noch in christlicher Verpackung kaufen, wenn man sie um die Ecke in weltlicher haben kann, die immerhin doch noch ein bißchen mehr *à la mode* ist. Wahrscheinlich spricht die christliche Firmierung nur Leute an, die noch sentimental genug sind, an alten Symbolen zu hängen. Aber gerade dieses Häuflein schmilzt unter der Sonne der säkularisierten Theologie rapide zusammen. Symbole ohne Inhalt sind nicht gefragt. Sie überzeugen nicht mehr. Die theologische Kapitulation vor dem angeblichen Verlust der Transzendenz schlägt mit anderen Worten auf die Verlierer zurück, und zwar in genau dem Maße, in dem sie um sich greift. Strenggenommen bedeutet sie nichts anderes als die Selbstaufgabe der Theologie und aller jener Institutionen, in denen sich die religiöse Überlieferung bisher verkörpert hat.

Die Entscheidung für eins der beiden dargestellten Extreme kommt nun allerdings nicht nur verhältnismäßig selten vor. Es ist auch ziemlich unwahrscheinlich, daß sie im Rahmen größenmäßig nennenswerter Institutionen getroffen wird, bei denen denn doch das Interesse am gesellschaftlichen Überleben ins Gewicht fällt. So etwas wie „christlicher Atheismus" mag für Intellektuelle ganz attraktiv sein. Daß aber eine der großen Kirchen diese doch recht absonderliche Devise auf ihre Fahne schreibt, ist nicht eben sehr wahrscheinlich. Andererseits wird sich auch das entgegengesetzte Extrem, der starre Traditionalismus, auf relativ kleine Gruppen beschränken müssen, deren soziale Position im ländlichen oder ethnischen Hinterwald oder in den untersten Schichten keinen großen Enthusiasmus für moderne Abstraktionen aufkommen läßt. Die größeren Religionsgemeinschaften neigen am ehesten zu pragmatischem Verhalten, d. h. zu einer begrenzten und kontrollierten Anpassung. Das bedeutet auf kognitivem Gebiet ein ständiges Lavieren, ein partielles Aufgeben von Überlieferungsgut (insbesondere des übernatürlichen), während anderes ruhig beibehalten werden kann.

So hat schon der alte liberale Protestantismus ausgesehen. Seit dem Zweiten Weltkrieg ist sein Geist in der evangelischen und seit dem Zweiten Vatikanischen Konzil auch in der katholischen Kirche in neuem Gewande wiederauferstanden. Zwar hat dieses Modell die besten Aussichten, gesellschaftlich zu überleben, aber es birgt auch besondere Schwierigkeiten in sich. Am bedenklichsten ist der immanente Zug zur Eskalation in Richtung auf das Extrem der kognitiven Selbstaufgabe. Jedes Paktieren beruht meistens auf taktischen Erwägungen. So stützen sich die Argumente für eine Modifizierung gewisser Züge der Institution oder ihrer Heilsbotschaft darauf, daß man Gefahr läuft, diese oder jene Anhängergruppe zu verlieren, z. B. die Intelligenz oder die Arbeiterschaft. Das führt jedoch zu einem Prozeß des *Umdenkens*, dessen Endergebnis schwer vorauszusagen oder zu steuern ist. Taktisch begründete Modifikationen eskalieren leicht zu kognitiven. Das ist der Punkt, an dem die äußere Gefährdung in die innere Gefahr umschlägt. Der kognitive Widersacher hat einen Spalt in der Mauer der Institution entdeckt und, noch schlimmer, sogar im Bewußtsein des Theologen, der die Mauer bewachen soll. Daß Paktieren verständnisfördernd wirkt, ist eine Tatsache. Wenn man allerdings mit Ideen paktiert, wird aus Verständnis leicht Zustimmung, und zwar aus den oben erwähnten, tief im Wesen des Menschen liegenden Gründen. Mit anderen Worten: wenn man sich erst einmal auf kognitivem Gebiet gegenseitig den kleinen Finger reicht, braucht man sich nicht zu wundern, wenn die ganze Hand genommen wird. Dann hängt alles davon ab, wer der Stärkere ist. Wenn die These von der zunehmenden Säkularisierung stimmt, so ist natürlich die moderne Welt die stärkere, die Welt, der die Transzendenz nichts mehr bedeutet. Der Theologe, der in Ideen handelt, macht deshalb unweigerlich ein schlechtes Geschäft, d. h. er wird mehr verlieren, als er gewinnen kann. Wer immer mit dem Teufel aus demselben Napf ißt, muß eben einen großen Löffel haben. Das Verteufelte am Geist der Moderne ist nur, daß, wer sich auch nur an einen Tisch mit ihm setzt, entdeckt, daß die Löffel immer kleiner werden, bis er schließlich beim letzten Gericht ganz allein an der Tafel sitzt, ohne Löffel, vor leerem Teller. Der Teufel aber hat sich davongeschlichen, höchstwahrscheinlich zu interessanteren Tischgenossen.

Wir haben bisher „überraschungsfrei" über Entscheidungen und ihre Folgen nachgedacht, d. h. wir sind der Prognose gefolgt, daß der Zug zur Säkularisierung sich an den neuen Fahrplan hält. Es wäre jedoch ganz nützlich, einige Fahrplanänderungen ins Auge zu fassen, damit der Zug nicht doch am Ende einem Abgrund entgegenrast, angesichts dessen jede Prognose nichtig ist. Dean Inge hat einmal gesagt, daß ein Mann, der sich dem Zeitgeist vermählt, bald Witwer wird. Das kann das Resultat äußerer Ereignisse sein, und passiert manchmal sehr plötzlich. Harvey Cox hat z. B. noch 1965 in seinem Buch *The Secular City* (vgl. Anm. 3, S. 78) die moderne Verstädterung gepriesen, als sei sie ein Fingerzeig Gottes. Nur wenige Jahre später ist es schon nicht mehr so unproblematisch, dieses typische Geschenk des Zeitgeistes entzückt in Empfang zu nehmen. Amerikanische Städte scheinen dazu ausersehen, alle Jahre wieder nutzlos in Flammen aufzugehen. Die Bürgerrechtsbewegung, auf die Cox wahrscheinlich mit seinem Vertrauen in die freiheitliche Zukunft urbaner Weltoffenheit gebaut hatte, ist blinder Zerstörungswut gewichen und scheint als politische Kraft erloschen zu sein. Die moralische Substanz aber, die sich in jener hochgebauten Stadt, der amerikanischen Verfassung, spiegelt, verblutet auf den Schlachtfeldern von Vietnam. Zur Zeit sind ziemlich wenig Amerikaner in der rechten Stimmung, ihre Stadt zu preisen. Die Lektion aus diesem Beispiel wird noch nachdrücklicher, wenn man nicht vor einem Blick in die Zukunft zurückscheut. Es ist durchaus möglich, daß der Vietnam-Krieg bald und recht plötzlich zu Ende geht und die amerikanische Politik danach gesundet. Aber es ist auch möglich, daß er noch lange dauert und immer brutaler wird, daß in einer Folge gigantischer Abenteuer ein Vietnam das andere ablöst. Wenn der „Zeitgeist" zur Rede steht, wie sollen Christen in Amerika Cox' Mahnung, „politisch mitzusprechen", befolgen? In den ergreifenden Tönen des Jahrtausend-Optimismus der frühen Bürgerrechtsbewegung? Oder aus der apokalyptischen Stimmung heraus, die zur Zeit eher angebracht erscheint? Der Lauf der Dinge kann die eine wie die andere Option in Kürze überrollen. „Relevanz" ist ebenfalls eine etwas heikle Angelegenheit.

Das liegt nicht nur an den Launen und Wechselfällen der äußeren Ereignisse. Unsere Kultur produziert durch ihre Organisationsformen eine ständige Unsicherheit. In erster Linie sind es die Massenmedien, die, das Ohr am Herzen des Zeitgeistes, der gesamten Gesellschaft unentwegt seine Befindlichkeit mitteilen und suggerieren, was gerade „relevant" ist. Was sie für verbindlich erklären, ist – so sind sie nun einmal – ganz besonders dem Wechsel der Mode ausgesetzt und kann nur „kurzweilig" sein. So ist es denn unvermeidlich, daß ein Theologe (und natürlich auch jeder andere Intellektuelle), der sich, bloß um „mitzumachen", auf ihre medialen bzw. mediablen Verbindlichkeitsverweise verläßt, bald von ihnen aus dem Zentrum der Gültigkeit an den Rand der Gleichgültigkeit verwiesen wird. Nun gibt es aber auch Leute, die sich für die Kommunikationsmedien der Massenkultur zu gebildet dünken. Auch sie brauchen natürlich das Zeitzeichen für die Zeichen der Zeit. Also lassen sie sich von allen möglichen intellektuellen Cliquen und Klübchen, die über eigene, exklusivere Kommunikationsmittel verfügen, bedienen, sozusagen aus der intellektuellen Boutique, statt aus dem Warenhaus der Zivilisation. Man ist in diesen Kreisen zwar besonders schick, aber auch besonders intolerant. Und des Kaisers neue Kleider sind kaum länger modern als der bunte Kattun der Massenmedien. Die Mandarine von Amerika tauchen bei ihrer weltlichen Taufe meist bis zum Scheitel ins Wasser. Ein Theologe, der den Wirklichkeitsdurst seiner Herde an diesem Jordan stillt, wird bald mit einem schlichten Kapitulanten verwechselt werden. Denn die Wirklichkeiten, die in diesen Kreisen als Gewißheiten zirkulieren, sind der Theologie in keiner Zubereitung bekömmlich. Aber selbst wenn unser Theologe sich zur Kapitulation bereit fühlen sollte, sei er gewarnt. Intellektuelle sind Leute, die notorisch von Langeweile geplagt sind – heute nennt man das „Entfremdung". Die amerikanischen Mandarine machen da keine Ausnahme, und sei es auch nur, weil sie sich meistens nur miteinander unterhalten. Nicht auszudenken, welch wunderliche Religiosität da noch entstehen kann – warum nicht auch einmal eine, die von barbarisch Übernatürlichem nur so trieft? Unser Theologe wird dann wieder von vorne anfangen müssen und, wie gehabt, dem Fest nur durchs Schlüsselloch zusehen dürfen.

Nehmen wir aber einmal an, daß lang anhaltende gesellschaftliche Neigungen, nicht flüchtige eso- oder exoterische Moden, den Ausschlag für die Orientierung der Theologie geben. Selbst dann ist noch Vorsicht am Platze. Hier und da gibt es nämlich Anzeichen dafür, daß die Säkularisierung gar nicht so umfassend ist, wie manche Leute glauben, und daß das Übernatürliche zwar zur Zeit offiziell nicht gefragt ist, in verborgenen Schlupfwinkeln der Kultur jedoch überlebt und sich ins Fäustchen lacht. Manche Schlupfwinkel sind übrigens gar nicht so verborgen. Der Sinn für das Unheimliche, den der moderne Rationalismus als „Aberglauben" abtut, spielt doch immer noch eine nicht unbeträchtliche Rolle, nicht zuletzt in einer offensichtlich blühenden und gedeihenden astrologischen Subkultur. Aus welchen Gründen auch immer haben beachtliche Mengen der Spezies „moderner Mensch" den Sinn für Verehrung, für das Numinose, für alle jene Möglichkeiten des Menschen, gegen die die Katechismen der säkularisierten Vernunft sich richten, noch nicht verloren[17]. Es hat den Anschein, als ob das Übernatürliche im Keller sich mit Rationalismus in der Beletage ganz gut vereinbaren ließe. In einer Umfrage bei amerikanischen Studenten brachten achtzig Prozent der Antworten „ein Bedürfnis nach religiösem Glauben" zum Ausdruck, während nur achtundvierzig Prozent Glauben an Gott im traditionellen jüdisch-christlichen Sinne zugaben[18]. Fast noch

---

[17] S. Louis Pauwels und Jacques Bergier, *The Morning of the Magicians*, Stein and Day, New York 1964; deutsche Ausgabe: *Aufbruch ins dritte Jahrtausend*, Scherz Verlag, Berlin und Stuttgart 1962.

[18] Rose Goldsen u. a., *What College Students Think*, Nostrand, Princeton, N. J., 1960.

aufregender sind die Ergebnisse einer kürzlich durchgeführten Befragung in Westdeutschland, wo achtundsechzig Prozent erklärten, daß sie an Gott glaubten, und sechsundachtzig Prozent zugaben, daß sie beteten [19]. Man kann solche Daten schlicht der chronischen Unlogik des Menschen zurechnen. Aber vielleicht kommt doch noch etwas Bezeichnenderes darin zum Ausdruck: eine Diskrepanz zwischen artikulierter Übereinstimmung mit dem Geist der Moderne und einer im Grunde viel komplizierteren Einstellung zur Welt. In diesem Zusammenhang lassen einen Daten aus England denn doch aufhorchen, wo fünfzig Prozent der Befragten Wahrsager aufsuchen, einer von je sechs an Gespenster glaubt und einer unter fünfzehn behauptet, er habe schon einmal ein Gespenst gesehen [20].

Vor einer Erklärung im Stile der Jung-Nachfolge, d. h. vor der Behauptung angeblich religiöser „Bedürfnisse" des Menschen, die, da die moderne Kultur sie unterdrückt, sich andere Auswege suchen, scheue ich zurück. Die empirisch-psychologischen Unterlagen dafür sind mehr oder weniger zweifelhaft. Der Gedanke, daß Glaube sich zu religiösem Bedürfnis verhält wie der Orgasmus zur Wollust, ist der Theologie hoffnungslos unangemessen. Schließlich ist es nur allzu begreiflich, daß eine so kümmerlich eingerichtete Welt wie die unsere „Bedürfnisse" weckt, die, sofern sie nicht in Sinnestäuschungen oder Sublimierungen umschlagen, von vornherein zur Frustration verurteilt sind. (So jedenfalls hat Freud es gesehen.) Aber auch wenn man ganz von der Psychologie absieht, verlangt die Verfassung des Menschen, befrachtet mit Leid und im Angesichte der Endgültigkeit des Todes, nach einer Interpretation, die nicht nur theoretisch befriedigt, sondern für die Begegnung mit Leiden und Tod auch einen Rückhalt bietet. Es besteht eher ein gesellschaftliches als ein psychologisches Bedürf-

---

[19] Nach einer Spiegel-Umfrage zu diesem Thema, *Der Spiegel*, 21:52, 18. Dezember 1967.
[20] David Martin, *A Sociology of English Religion*, Basic Books, New York 1967, S. 75.

nis nach „Theodizee", und zwar genau im Sinne der Auffassung von Max Weber. Ursprünglich hat man unter Theodizee (wörtlich „Rechtfertigung Gottes") den Versuch verstanden, der Tatsache theoretisch beizukommen, daß ein allmächtiger und allgütiger Gott Leiden und Übel in seiner Welt zuläßt. Max Weber faßt den Begriff noch weiter. Für ihn ist *jede* theoretische Erklärung des Vorhandenseins von Leiden und Übel eine „Theodizee".

In säkularisierter Form gibt es selbstverständlich verschiedene Versuche, die den Anspruch stellen, im Sinne Max Webers Theodizee zu sein. Sie versagen jedoch allesamt vor den Extremen menschlichen Leidens, die sie, da sie sie nicht begreiflich machen können, auch nicht ertragen helfen. Am Phänomen des Todes scheitern sie nahezu gänzlich. Ein Beispiel dafür ist der Marxismus. Die Geschichtstheorie von Marx enthält in der Tat etwas wie eine Theodizee. In der utopischen Welt nach der Revolution sollen alle Dinge heil sein. Das mag jemanden trösten, der dem Tod auf den Barrikaden ins Auge sieht. Daß der Marxismus jedoch viel Trost für eine tödliche Krebsoperation zu bieten hat, scheint doch recht zweifelhaft. Ein solcher Tod kann bei dieser wie bei jeder anderen innerweltlichen Heilserwartung subjektiv nur als sinnlos erlebt werden. Das soll kein vorwitziges Plädoyer für die Religion sein. Vielleicht sind Trostlosigkeit und Sinnlosigkeit die Wahrheit, und alles menschliche Hoffen ist eitel. Der Stoizismus, der mit solcher Wahrheit zu leben vermag, ist jedoch in der Gesellschaft eine Rarität. Die meisten Menschen dürsten nach Trost, und – soziologisch gesehen – verfügt eine religiöse Theodizee gegen Tod und Teufel denn doch noch immer über die stärkeren Bataillone.

So besteht also einiger Grund zu der Annahme, daß in der Gesellschaft – zumindest in gewissen Widerstandnestern – ein religiöser Glaube an Transzendenz überlebt. Bei den großen Religionsgemeinschaften kann man mit einem Aufbegehren gegen die grotesken Extreme der Preisgabe ihrer transzendenten Inhalte rechnen. Die Prognose, daß eine „überraschungsfreie" Welt am allgemeinen Zug zur Säkularisierung festhält, ist dennoch durchaus vernünftig. Eine Wiederentdeckung der Transzendenz als Massenphänomen steht nicht in den Sternen. Dennoch wird sich in Enklaven der säkularisierten Kultur der Glaube an das Übernatürliche erhalten. Manche solcher Enklaven können bloße Überbleibsel des Traditionalismus sein, den Soziologen in diesem Rahmen als *cultural lag* bezeichnen würden. Es kann – jedenfalls auf lokaler Ebene – aber auch zu Neuzusammenschlüssen kommen. In beiden Formen wird man sich mehr oder weniger sektiererisch organisieren. Die großen Kirchen müssen ihre Gratwanderung zwischen Traditionalismus und Anpassung fortsetzen. Sie werden sich damit abzufinden haben, daß ihnen sowohl von den Sekten als auch von der Säkularisierung her einige mehr oder minder ernstzunehmende Gefahren drohen. Die Situation ist also nicht gerade hochdramatisch. Aber, so gesehen, ist sie denn doch etwas realistischer als die Prophezeiungen vom Ende der Religion oder – umgekehrt – von der Auferstehung der Götter.

Wenn es mir nur um soziologische Prognosen ginge, so wäre ich hiermit bereits am Ende. Aber ich möchte die heutige Situation doch noch von verschiedenen Seiten her anpeilen, um zum Nachdenken über die Religion Anlaß zu geben. Dazu waren die bisherigen Überlegungen nichts als ein Vorspiel. Es geht mir nämlich um die religiösen Fragen als solche, und zwar eher um ihre eigene Wahrheit als um ihr Sein in der Zeit. Ich bin fest davon überzeugt – und möchte das von vornherein erklären –, daß eine soziologische Behandlung dieser Fragen nicht nur Diagnosen der Situation hergibt. Zwar darf man sich, wenn man über Religion oder was auch immer nachdenkt, nicht in eine erhabene Unabhängigkeit von Ort und Zeit hineinschwindeln. Die Geschichte des Denkens beweist jedoch, daß auch unter Nichtbeachtung der Zeitgenossen Wahrheit gesucht und gefunden worden ist, Wahrheit im Widerspruch zum Zeitgeist. Wenn man der eigenen Zeit wirklich gerecht werden will, muß man für den eigenen sozio-historischen Ort ein Gespür haben. Mit Fatalismus, mit Vorherbestimmung, kommt man nicht weiter. Die folgenden Ausführungen stützen sich auf die Überzeugung, daß man sich weitgehend von den vermeintlichen Gewißheiten seiner Zeit frei machen kann. Die nötige Ergänzung zu dieser Überzeugung ist Gleichgültigkeit dem eigenen Majoritäts- oder Minoritätsstatus gegenüber. Ob viele oder wenige zustimmen: es geht weder um „mitmachen" noch um esoterische Arroganz. Allerdings enthält diese Gleichgültigkeit auch ein Element des Befremdens darüber, welche Genugtuung offenbar diese beiden entgegengesetzten Einstellungen ihren Verfechtern verschaffen.

2. Soziologie als Herausforderung: Relativierung den Relativierern

Wissen kann um seiner selbst willen gewußt werden. Es kann aber auch existentielle Folgen haben. Wissen, das für wahr gehalten wird, kann existentiell (d.h. für das Sein des Individuums in der Welt) zu *Ek-Stasis* – im wortwörtlichen Sinne – führen, dazu also, daß man sich außerhalb der Routinegewißheiten der Alltagswelt stellt. Wissensvorräte und Wissensweisen unterscheiden sich sowohl nach dem Wesen der Ekstase, die sie erzeugen, als auch nach dem Maß, in dem sie einer solchen förderlich sind. Es gibt Arten von Wissen, die, unter diesem Aspekt gesehen, vollkommen zeitlos zu sein scheinen, z.B. das Wissen des tragischen Dichters. Wenn man nach der Lektüre der Morgenzeitung Aischylos oder Shakespeare liest, kann einem zum Bewußtsein kommen, daß die Tragödie ein Alltagsvorkommnis ist und umgekehrt. Die Ekstase, zu der eine solche Einsicht führt, kann schrecklich sein.

Andere Arten von Wissen erzeugen andere, stärker zeitgebundene Ekstasen. Die Entdeckung der subjektiven Vieldimensionalität des Individuums beispielsweise, die in der modernen Welt den Roman als eine literarische Ausdrucksform hervorgebracht hat, war in ganz anderer Weise zeitgemäß und ist mehr oder weniger zeitgebunden. Uns bewegt Shakespeare bis zur Ekstase, und den elisabethanischen Poeten ging es so mit Aischylos. Aber es ist zweifelhaft, ob man im 16. Jahrhundert Sinn für die ekstatischen Züge bei Balzac oder Dostojewski gehabt hätte. Andererseits scheint der Mensch von heute die Fähigkeit verloren zu haben, jene ekstatischen Befindlichkeiten zu verstehen oder gar nachzuvollziehen, in die zahllose Kulte und Religionen ihre Anhänger die längste Zeit der Menschheitsgeschichte hindurch versetzen konnten.

Auf die – geradezu *per definitionem* für Ekstase zuständige – Theologie wirkt sich Wissen, das die jeweils zeitspezifischen Ekstasen auslöst, zwangsläufig aus. Dabei ist es irrelevant, ob es sich um echte oder unechte Ekstasen handelt, sofern die Kriterien dafür von außen herangebracht werden; es spielt auch keine Rolle, ob die betroffene Theologie nach eben diesen Ekstasen trachtet oder sie ablehnt. Die soziologischen Gründe dafür haben wir schon erörtert. Ein weiterer Grund ist der dem Menschen innewohnende Hang nach gedanklicher Einheit. Ehrliche, gut fundierte Reflexion schreckt vor kognitiver Bewußtseinsspaltung zurück. Sie drängt nach Übereinstimmung, Versöhnung, sie möchte sehen, wie ein Fürwahrgehaltenes sich auf ein anderes bezieht. In der Geschichte des Denkens hat jedes Zeitalter dem Theologen auf seine Weise zugesetzt. Unseres unterscheidet sich von früheren nur durch die rasche Folge der Prüfungen, denen es ihn unterwirft. So ist er denn heute von einer Art Schwindel befallen. Das braucht ihn nicht weiter zu bestürzen, zumal er kaum der einzige derart geplagte Zeitgenosse ist.

Marx hat einmal gesagt, jeder, der ernsthaft philosophieren wolle, müsse vorher durch den „Feuer-Bach" der Philosophie Feuerbachs. Heutzutage ist die Soziologie der „Feuer-Bach", den der Theologe bewältigen muß oder, genauer gesagt, bewältigen sollte. Die für unsere Zeit spezifische Herausforderung für die Theologie ist die Soziologie, und zwar ganz besonders die Wissenssoziologie. Natürlich steht es der Theologie frei, dies einfach nicht zur Kenntnis zu nehmen. Man kann Gefahren immer aus dem Wege gehen und fährt dabei gelegentlich eine längere Zeit ganz gut. So hat es z.B. der Hinduismus fertiggebracht, der Herausforderung durch den Buddhismus etwa 2500 Jahre lang auszuweichen. Es gibt aber Gefahren, die man nur auf eigene Gefahr meidet. Dabei braucht es nicht einmal um Leib und Leben zu gehen, die Integrität des eigenen Denkens kann auf dem Spiel stehen. In unserem Falle dürfte das Ausweichen vor der Soziologie mit an Sicherheit grenzender Wahrscheinlichkeit für die Theologie schlimme konkrete und kognitive Folgen haben – und zwar wegen der im vorigen Kapitel erörterten Krise, in der wir stehen.

Wenn man den Krisenbegriff weit genug faßt, ist die Soziologie nur die vorläufig letzte Gestalt, in der das neuzeitliche wissenschaftliche Denken die Theologie in die Schranken fordert. Am Anfang stand wahrscheinlich die Physik, an die alle Welt immer zuerst denkt, wenn von Gefahren, die der Theologie durch die Wissenschaften drohen, die Rede ist. Wer dächte nicht an Kopernikus und Galilei, an die Anfechtung der Kosmologie des Mittelalters und der These von der zentralen Stellung des Menschen und seiner Erde im Kosmos. Die moderne Physik hat den Weltraum erschlossen, der verstehenden Vernunft das Universum zugänglich gemacht und damit eine neue Sinnwelt geschaffen, für deren Wirklichkeitsauffassung die „religiöse Hypothese" immer überflüssiger wird. Wie auch der Stand des Konflikts zwischen Physik und Theologie gerade sein mag, es besteht kein Zweifel daran, daß an einen solchen Konflikt geglaubt wird und daß die allgemeine Wirkung dieses Glaubens dem entgegenkommt, was Max Weber mit der „Entzauberung" der Welt gemeint hat.

Die biologische Revolution des 19. Jahrhunderts hat die Situation noch verschärft. Nach der kosmologischen Entlarvung des Menschen durch Kopernikus nahm ihm Darwin nun auch noch sein biologisches Erstgeburtsrecht. Es hat einmal zum guten Ton gehört, diese metaphysischen Demütigungen des Menschen zu goutieren und sich über schlichte Seelen lustig zu machen, die sie nicht hinnehmen wollten. Schlicht mögen sie gewesen sein, lustig schon weniger. Der Schwarze Peter liegt jedenfalls jetzt bei uns, ein recht unangenehmer Schwarzer Peter übrigens. Es ist wirklich nicht sehr komisch, im entlegensten Winkel eines seiner humanen Bedeutung beraubten Universums zu landen, um sich dort von allen Göttern der Vergangenheit im Stich gelassen zu fühlen. Die Vorstellung, daß dieses Schicksal das Ergebnis jenes sinnlosen Massakers sein soll, das Darwin euphemistisch „natürliche Auslese" nennt, ist auch nicht gerade erheiternd. Meine eigenen Sympathien gehören jedenfalls eher William Jennings Bryan und seinen pathetischen Rückzugsgefechten als dem abgeschmackten Fortschrittsglauben eines Clarence Darrow, der ein prächtiger Mensch gewesen sein mag, aber beschränkt genug war zu hoffen, er könne mit Hilfe des Darwinismus die Todesstrafe aus der Welt schaffen.

Von der üblichen Auffassung abweichend, halte ich die Gefahr, die der Theologie seitens der Naturwissenschaften droht, für vergleichsweise harmlos. Was ihr zum Opfer gefallen ist, sind allzu wörtliche Auslegungen der Bibel, etwa daß die Welt in genau sieben Tagen erschaffen sei oder daß der Mensch tatsächlich von Adam und Eva abstamme. Bei dergleichen kann man sich schließlich damit trösten, daß es das Wesen des Glaubens nicht berührt. Ernster ist schon die erwähnte allgemeine Entzauberung der Welt zu nehmen. Aber das Gefühl der Verzweiflung, das einen dabei überkommt, kann der Theologie auch neue Leidenschaften zuströmen lassen, wie man am Beispiel Pascals oder Kierkegaards sehen kann. Die Herausforderung der Theologie durch die empirischen Geisteswissenschaften bedroht dagegen den Kern der Theologie, und zwar in besonders gefährlicher und problematischer Weise. Die beiden in dieser Hinsicht bedeutenden Vorläufer der Soziologie waren die Geschichtswissenschaft und die Psychologie. Historische Erkenntnisse haben im 19. Jahrhundert zum erstenmal an den Wurzeln der Theologie genagt. Auch hier begann es mit Kleinigkeiten, die mehr oder weniger als Belanglosigkeiten abgetan werden konnten – der Aufdeckung verschiedener Quellen der Bibel, die als einheitliches Ganzes sakrosankt gewesen war, oder dem Hinweis auf Widersprüche in den verschiedenen Berichten vom Leben Jesu. Alle diese Details trugen zu etwas sehr viel Ernsterem bei: dem sich durchsetzenden Sinn für den historischen Charakter *aller* Elemente der Überlieferung, deren Anspruch, aus einem Guß zu sein, dadurch erheblich geschwächt wurde. Einfach gesagt: Die Geschichtswissenschaft ließ eine Perspektive aufkommen, in der sich noch die bisher unantastbarsten Elemente der religiösen Überlieferung als *Menschenwerk* entpuppten. Die Psychologie bestärkte diese Auffassung noch, weil sie Möglichkeiten eröffnete, dieses Menschenwerk und sein Zustandekommen nicht nur zu erkennen, sondern auch zu erklären. Ob zu Recht oder Unrecht, die Psychologie beschwor seit Freud die Vorstellung herauf, daß jede Religion eine gigantische Projektion menschlicher Nöte und Begierden sei, eine düstere Vorstellung schon allein wegen des nicht eben konstruktiven Charakters dieser Nöte und Begierden, gänzlich verfinstert wegen der angeblich unbewußten Mechanismen des Projektionsprozesses. So haben denn Geschichtswissenschaft und Psychologie gemeinsam die Theologie in einen wahren Orkan der Relativierungen getrieben. Die so entstandene Krise ihrer Glaubwürdigkeit überflutete die gesamte Theologie – nicht etwa nur diese oder jene ihrer Lehren.

Für eine kritische Behandlung der beiden Herausforderungen ist hier nicht der Ort. Ich gehöre zu den Leuten, die die Angriffe seitens der Geschichte ernster nehmen als die der Psychologie. Sei dem aber wie es wolle, die Herausforderung durch die Soziologie bedeutet unbedingt eine weitere Verschärfung der Krise. Die Historizität, der Produkt-Charakter der religiösen Tradition – und damit ihre Relativität eher denn Autorität – werden noch transparenter, wenn man die gesellschaftliche Dynamik hinter ihrem historischen Zustandekommen erkennt. Und der Gedanke, daß es sich um eine Projektion handelt, ist als soziologisches Phänomen plausibler denn als psychologisches, weil er im normalen, „bewußten" Erfahrungsbereich leichter verifizierbar ist. Man kann ruhig sagen, daß die Soziologie den Relativismus auf die Spitze treibt und das theologische Denken in nie geahnter Schärfe zur Auseinandersetzung auffordert.

Welche Ausmaße hat die neue Herausforderung?

Zunächst einmal machen exakte soziologische Erhebungsmethoden dem Theologen seinen Minderheitsstatus in der Gesellschaft deutlich. Man kann dem natürlich entgegenhalten, daß die Soziologie hier wieder einmal nur wiederkäut, was jedermann längst weiß. Schließlich hat sich der Rückgang der Religion in der modernen Welt allmählich herumgesprochen. Man hat ihn, je nach Einstellung, begrüßt oder beklagt, längst bevor die Soziologen sich anschickten, der Sache auf den Grund zu gehen. Nichtsdestoweniger besteht ein Unterschied zwischen allgemeinen, unsubstanziierten Betrachtungen über den sogenannten Zeitgeist und den nüchternen, spezialisierten Daten, welche die Soziologie ausgräbt. So heißt es zwar schon lange, daß dem Frommen die Großstadt nicht fromme. Sorgfältige statistische Erhebungen – wie die von Gabriel LeBras über den französischen Katholizismus – brachten jedoch noch ganz anderes zutage. Eine seiner dramatischen Entdeckungen ist inzwischen um die Welt gegangen, nämlich daß allem Anschein nach etwas Magisches von einem gewissen Pariser Bahnhof ausgeht: Leute vom Land, die da aussteigen, werden im selben Augenblick aus praktizierenden zu nichtpraktizierenden Katholiken.

Wie groß die Wirkung spezieller soziologischer Ergebnisse auf ein ganzes Gesellschaftsmilieu, aus dem sie stammen, ist, läßt sich schwer einschätzen, d. h. in diesem Falle läßt sich nicht eindeutig sagen, welche Bedeutung sie für die radikale Selbstbestimmung des französischen Katholizismus nach dem Zweiten Weltkrieg gehabt haben. Daten wie die von LeBras und seiner Schule reichen in ihrer Wirkung jedoch über das hinaus, was sie unmittelbar aussagen: Sie verifizieren nämlich indirekt Thesen wie die, daß Frankreich eigentlich auf religiösem Gebiet ein unterentwickeltes Land sei, eine These, die – unter anderen Motiven – den missionarischen Geist der Arbeiterpriester-Bewegung beflügelt hat[1]. Ein anderes Beispiel: Es hat sich wahrscheinlich herumgesprochen, daß protestantische Geistliche in Amerika stets das Ohr am Pulsschlag der Meinungen ihrer Gemeinde haben, und zwar um so aufmerksamer, je höher sie in ihrer Karriere aufrücken. Wenn dieser Tatbestand jedoch genau dokumentiert wird – wie in einer Studie über das Verhalten der Geistlichkeit in der Rassenkrise in

---

[1] S. John Petrie (Hrsg.), *The Worker Priests; A Collective Documentation,* Routledge and Kegan Paul, London 1956.

Little Rock –, so ist das doch ein gewisser Schock für alle Beteiligten[2].

Solch ein Schock kann – meistens ganz unbeabsichtigt – schon durch ein paar bescheidene konkrete Fragen ausgelöst werden. Nehmen wir einmal an, ein Geistlicher wüßte gern, wie die Gemeinde seine Predigten aufnimmt. Er treibt ein bißchen Amateursoziologie und verteilt einen kleinen Fragebogen. Die hereinkommenden Antworten ergeben, daß seine Schäflein offenbar gar nicht zuhören, wenn er predigt. Zustimmung und Ablehnung im Fragebogen sind wild gestreut und beziehen sich auf Äußerungen, die er nie gemacht hat. So etwas hat sich wirklich zugetragen. Kein Wunder, daß solche Informationen den Geistlichen irritieren. Stellen wir uns nun aber weiter vor, seine Neugierde wäre jetzt erst recht geweckt. Er bohrt noch ein wenig tiefer. Die nächste Entdeckung ist noch betrüblicher. Was die Herde unter Religion versteht, hat kaum noch etwas mit dem zu tun, was der Hirte glaubt – und schon gar nichts mit der besonderen Tradition des gemeinsamen Pferchs. Auch die Rolle des Hirten sieht die Herde anders als dieser selbst. Er meint, er verkündige ihnen das Evangelium. Sie meinen, er habe ihren Kindern Mores beizubringen. Er möchte auf ihre gesellschaftlichen und politischen Einstellungen einwirken. Sie wollen, daß er die Finger davon läßt und besser aufpaßt, daß die Familie intakt bleibt. Und so weiter. Was mit ein paar harmlosen Fragen nach der Predigt begonnen hat, endet mit Enthüllungen, die den geistlichen und kirchlichen Auftrag überhaupt in Frage stellen. Solche und ähnliche Alarmnachrichten sind heute über ganz Amerika verbreitet und tragen nicht unbeträchtlich zur Nervosität des geistlichen Standes bei.

Das Ironische daran ist, daß die empirische Religionssoziologie gewissermaßen als „Marktforschung" im Auftrag kirchlicher Instanzen begonnen hat. Vielleicht soll man daraus die Lehre ziehen, nicht leichtfertig mit den Streichhölzern der Soziologie zu

[2] S. Ernest Campbell und Thomas Pettigrew, *Christians in Racial Crisis; A Study of Little Rock's Ministry*, Public Affairs Press, Washington 1959.

spielen. Aus rein pragmatischen Gründen hätte man gern ein paar nützliche Auskünfte für die institutionelle Planung und Politik. Und dann stellt sich auf einmal heraus – und zwar ohne daß irgend jemand, auch der Soziologe nicht, irgend etwas Böses im Schilde geführt hätte –, daß die Geister, die man selbst gerufen, die Institution in ihren Grundfesten erschüttern. Soziologen, die ihre Kunst bürokratischen Institutionen zur Verfügung stellen, sollten vielleicht vorher eine Visitenkarte mit der Aufschrift „Wehret den Anfängen" abgeben.

Die Herausforderung des theologischen Denkens durch die Soziologie geht jedoch noch viel tiefer, sobald die Wissenssoziologie ins Spiel kommt [3]. Deren spezielle Gefahr für die Theologie liegt nämlich in der ihr zu Gebote stehenden Möglichkeit, das Problem der Relativität *erklären* zu können. Ihre Erklärungen sind nicht gerade tröstlich – mindestens nicht auf den ersten Blick.

Als Richtung der Soziologie, die in den zwanziger Jahren in Deutschland aufkam und in der angelsächsischen Welt durch Karl Mannheim bekannt wurde, erforscht die Wissenssoziologie die Beziehungen zwischen dem, was Menschen denken, und den gesellschaftlichen Verhältnissen, in denen dieses Denken stattfindet. Daß sie die eigentliche soziologische Instanz für unser Thema ist, wird sofort deutlich, wenn wir nun den Begriff der Plausibilitätsstruktur einführen und erklären.

Eine der fundamentalen Erkenntnisse der Wissenssoziologie ist, daß die Einsichtigkeit bzw. Plausiblität menschlicher Wirklichkeitsvorstellungen, dessen also, was Menschen für wirklich halten, davon abhängt, daß und wie diese Vorstellungen gesellschaftlich abgestützt und abgesichert sind. Einfacher ausgedrückt: Ursprünglich gewinnen wir unsere Weltvorstellung von anderen Menschen, und wenn sie uns plausibel ist – und bleibt –, so hauptsächlich deshalb, weil andere an ihr festhalten und sie uns

---

[3] S. Berger und Luckmann, *Die gesellschaftliche Konstruktion der Wirklichkeit,* loc. cit., besonders S. 98 ff., und Berger, *The Sacred Canopy,* loc. cit., besonders S. 126 ff.

bestätigen. Es gibt ein paar Ausnahmen von dieser Regel – Vorstellungen oder besser Eindrücke, die direkt und spontan durch sinnliche Erfahrung gewonnen werden. Aber selbst diese lassen sich nur mit Hilfe gesellschaftlicher Vorgänge in sinnhafte Wirklichkeitsvorstellungen umsetzen und integrieren. Freilich können wir auch gegen den Strom des gesellschaftlichen Konsensus, der uns umspült, schwimmen. Wir setzen uns aber dadurch einem ungeheuren (in unserem Bewußtsein psychologisch manifesten) Druck aus, der uns treibt, unsere Auffassungen und Überzeugungen am Ende doch mit denen unserer Mitmenschen in Übereinstimmung zu bringen. Konversation – Unter-Haltung im wortwörtlichen Sinne – ist es, durch die wir unser Weltverständnis gewinnen und „bewahren". Daraus folgt, daß unser Weltverständnis auch von der Kontinuität und Konsistenz der Unterhaltung abhängig ist und sich verändert, sobald wir die Gesprächspartner wechseln.

Wir zappeln in den Netzen der Gesellschaft, und zwar gleich in mehreren. Wir sind selbst ein Stück Faden im Gewebe ihrer ständigen Unterhaltung. Und so ist denn auch unser Weltbild auf oft höchst komplizierte und antagonistische Weise mit dieser Unterhaltung verbunden. Sobald wir dabei an differenzierte und wohldurchdachte geistige Gebilde – wie z.B. die Theologie – rühren, stoßen wir sogleich auf wohlorganisierte und -erprobte Praktiken, deren Zweck es ist, Zweifel zu beschwichtigen und Brüche in unserem Weltbild zu verhindern. Man nennt solche Praktiken und Techniken heutzutage Therapie. Zusätzlich sind fast immer auch mehr oder weniger systematisierte Erklärungen, Rechtfertigungen und Stütztheorien für die jeweilige Weltanschauung zur Hand, die in der Soziologie Legitimierungen genannt werden.

Jede Gesellschaft, auch unsere eigene, regelt z.B. das Sexualleben ihrer Mitglieder. Manche sexuellen Praktiken sind erlaubt oder gar sanktioniert, andere sind verboten und werden verabscheut. Wenn alles gutgeht (d.h. im allgemeinen, wenn die Sozialisation des Individuums reibungslos verläuft), tun die Leute, was die Gesellschaft von ihnen erwartet, und gehen den tabuierten Möglichkeiten aus dem Wege. Die Männer begehren nur Frauen –

und heiraten, wie es sich gehört. Sie denken erst gar nicht daran, daß sie auch mit Männern schlafen könnten. Aber nicht alles geht immer und allzeit so gut. Gelegentlich weicht eben doch mal einer vom geraden, schmalen Pfad der Tugend ab. Dafür kann die Gesellschaft ihn bestrafen, indem sie die Mechanismen in Gang setzt, die Soziologen „soziale Kontrollen" nennen. Die Gesellschaft kann aber auch versuchen, dem verlorenen Schäflein zu „helfen". Irgendeine therapeutische Instanz, ein „Hilfswerk" z. B., zeigt ihm seine Irrtümer und weist ihm den Weg, auf dem es zurück zur Herde findet. Unserer eigenen Gesellschaft steht z. B. ein weitverzweigtes Netz von Psychotherapeuten, Beratern und Fürsorgern für solche Fälle zur Verfügung, die eben diese Funktion erfüllen. Aber sogar wenn alles glatt geht, stellen die Menschen nun einmal gelegentlich unbequeme Fragen. Sie wollen Erklärungen haben für das gesamte sittliche Soll, das die Gesellschaft ihnen auferlegt hat. Diese Erklärungen oder Legitimierungen stehen zur Verfügung und sollen den Frager davon überzeugen, daß, was man ihm zu tun vorschreibt, nicht nur weise, sondern auch das einzig Richtige und Heilsame für ihn ist. Viele Psychologen arbeiten mit dem Trick, das von der Gesellschaft geforderte Sexualverhalten mit „seelischer Gesundheit" gleichzusetzen. Wenn in einer Gesellschaft die entsprechenden therapeutischen und legitimatorischen Hilfsmittel stets zur Hand sind, erscheint es dem einzelnen, jedenfalls in der Regel, ganz einfach plausibel, zu heiraten und gegen Homosexualität zu sein. Wenn eine Gesellschaft „Normalität" jedoch anders versteht und ihren Mitgliedern dieses Verständnis als verbindlich auferlegt, so verhalten sie sich auch entsprechend anders. Die Plausibilität dieser oder jener Auffassung von dem, was „normal" ist, hängt, mit anderen Worten, von jeweils spezifischen gesellschaftlichen Umständen ab. Wenn wir nun alle die genannten Faktoren zusammennehmen – gesellschaftliche Definitionen der Wirklichkeit, gesellschaftliche Wechselbeziehungen, in denen diese Wirklichkeit als Gewißheit gilt, Stütztherapien und Legitimierungen –, so haben wir die komplette Plausibilitätsstruktur der jeweiligen Weltanschauung vor uns.

Jedes Weltbild, welchen Charakter oder Inhalt es auch haben mag, kann demnach aufgrund seiner Plausibilitätsstruktur analysiert werden, denn nur, wenn das Individuum sich an diese Plausibilitätsstruktur hält, bleibt ihm das entsprechende Weltbild auch plausibel. Die Kraft der Plausibilität, die von nicht in Frage gestellter Gewißheit über hohe Wahrscheinlichkeit bis zur bloßen „Meinung" reicht, steht in direktem Abhängigkeitsverhältnis zur Kraft der jeweiligen Stützstruktur. Diese Dynamik ist unabhängig davon, ob die mit ihrer Hilfe zustande gekommenen Auffassungen sich, an den Gültigkeitskriterien irgendwelcher Betrachter von außen gemessen, als richtig oder falsch darstellen. In ganz besonderem Maße bedient sich jede religiöse Lehre von der Welt dieser Dynamik, weil sie sich ihrem Wesen nach nicht auf sinnliche Erfahrung gründen kann und daher besonders auf gesellschaftliche Stützung angewiesen ist.

Die Wissenssoziologie kann die konstitutiven Elemente jeder Plausibilitätsstruktur einzeln unter die Lupe nehmen – den Menschentypus, der sie „bewohnt", das Netz der Unter-Haltung, mit dessen Hilfe die „Bewohner" sich ihre jeweilige Wirklichkeit „bewahren", die therapeutischen Praktiken und Riten und die mit ihnen zusammengehenden Legitimierungen. Wenn sich z. B. ein Katholik seinen Glauben erhalten will, so muß er mit der Plausibilitätsstruktur des Katholizismus in Verbindung bleiben. Er braucht andere Katholiken um sich herum, eine Gemeinde, die seinen Glauben ständig absichert. Am besten ist es, wenn die Menschen, die ihm am meisten bedeuten – gemeint sind die „signifikanten anderen" (nach George Herbert Mead) –, auch katholisch sind und zur stützenden Gemeinde gehören. Belanglos ist, welches Gebetbuch der Zahnarzt hat. Aber Frau und Freunde sollten katholisch sein. In dieser Stützgemeinde ist eine ständige Unter-Haltung im Gange, die explizit und implizit eine katholische Sinnwelt aufrechterhält. Explizit geht es um Lehre, Bekenntnis, Nachvollzug katholischer Wirklichkeitsauffassung. Aber in einer katholischen Gemeinschaft gibt es auch einen impliziten Katholizismus. Schließlich sind stumme Gewißheiten für das Alltagsleben ebenso wichtig wie ständig mit vielen Worten artikulierte „Wahrheiten". Die eigentlichen Grundvorstellungen von der Welt sind in der Tat implizite Gewißheiten, sie sind so „selbstverständlich", daß es gar nicht nötig ist, sie in Worte zu fassen. Man kann das Bewegungsfeld unseres Katholiken also ein spezifisch katholisches Unter-Haltungs-Gebilde nennen, das ihm Tag für Tag die katholische Welt, die er mit seinen „signifikanten anderen" bewohnt, unzählige Male und auf die verschiedenste Weise bestätigt. Wenn alle Mechanismen richtig funktionieren, ist ihm sein Katholizismus so „natürlich" wie seine Haarfarbe oder sein „Glaube" an die Gravitationsgesetze. Er ist in dem beneidenswerten Besitz einer *anima naturaliter christiana,* einer Seele, die „von Natur aus" christlich ist.

Eine solche Bruchlosigkeit der Plausibilitätsstruktur ist jedoch unwahrscheinlich. Deshalb hat die Stützgemeinschaft (in diesem Falle die katholische Kirche) Vorsorge getroffen, um ihm mittels besonderer Riten, Legitimierungen und Praktiken den Glauben auch außerhalb der Grenzen eines homogen katholischen Milieus zu erhalten. Da gibt es ein ganzes Ensemble frommer Übungen, von den Sakramenten bis zum Trost im stillen Gebet. Weiter ist ein spezifischer Wissensvorrat vorhanden (im Falle des Katholizismus besonders reich und differenziert), der für jede Einzelheit des Glaubens und Lebens im Glauben die Erklärung und Rechtfertigung bereithält. Auch ein ganzer Stab erfahrener Experten steht zur Verfügung, der das Individuum in die therapeutische und legitimatorische Zange nimmt. Im einzelnen kann das sehr verschieden vor sich gehen. So ist es z. B. etwas anderes, ob die katholische Plausibilitätsstruktur (bei einer katholischen Majorität) der allgemeinen Erlebnisgrundlage des Katholiken mehr oder weniger angeglichen ist oder ob, in der Diaspora, eine Enklave von Abweichlern, also eine kognitive Minderheit, durch die katholische Plausibilitätsstruktur gestützt werden muß. So oder so, für die Erhaltung des Glaubens sind letzten Endes immer die oben beschriebenen Prozesse ausschlaggebend, aus denen sich die stützende Plausibilitätsstruktur ergibt.

Man kann dem entgegenhalten, daß besonders katholische Denker das alles von jeher mehr oder weniger in Betracht gezogen haben. Ja, in gewissem Sinne kommt in einem Satz wie: *Extra ecclesiam nulla salus* – außerhalb der Kirche ist kein Heil – eben diese Erkenntnis in einer anderen Sprachregelung zum Ausdruck. Bei einiger Überlegung zeigt sich jedoch, daß es um mehr als Sprachregelung geht. Die meisten katholischen Denker würden sich schaudernd abwenden, böte man ihnen folgende Übersetzung des Satzes an: Außerhalb der Plausibilitätsstruktur gibt es keine Plausibilität. Warum? Weil diese Version eine Erklärung von Glauben an sich darstellt, die den speziellen Fall (hier den Katholizismus) seiner Einzigartigkeit und Autorität beraubt. Das Mysterium des Glaubens wird so auf einmal wissenschaftlich faßbar, praktisch nachvollziehbar und allgemein anwendbar. Seine Magie schwindet in dem Maße, in dem die Entstehung und Erhaltung seiner Plausibilität transparent werden. Die Gemeinschaft der Gläubigen, einst ein Mysterium, ist nun nichts als ein *Gebäude von Menschenhand,* das Menschen, die durch eine spezifische Geschichte verbunden waren und sind, errichtet haben und „bewahren", ein Gebäude noch dazu, das unter Verwendung derselben Mechanismen auch abgerissen oder umgebaut werden kann. Wenn also jemand den Ruf in sich spürt, eine Kirche gründen zu sollen, so kann ihm die Wissenssoziologie jederzeit eine Blaupause zur Herstellung der nötigen Plausibilitätsstruktur liefern, ein Schema, das im wesentlichen genau dieselben Grundelemente enthält, aus denen die katholische Gemeinschaft der Gläubigen entstanden ist. Der Satz: *Extra ecclesiam nulla salus,* einst eine Verheißung von einzigartiger Gewalt, ist auf diese Weise nichts als eine allgemeine Verfahrensregel und kann auf Katholiken, Protestanten, Theravada-Buddhisten, Kommunisten, Vegetarier und Leute, die an fliegende Untertassen glauben, angewendet werden. Die Welt des Theologen ist, mit anderen Worten, nur *eine unter vielen Welten* geworden, eine Ausweitung des Relativierungsproblems, deren Dimensionen beträchtlich über die zuvor von der Geschichtswissenschaft erreichten hinausgreifen.

Einfach gesagt: Die Geschichtswissenschaft hat uns das *Faktum* der Relativität beschert; die Wissenssoziologie zeigt, daß Relativität *von der Verfassung des Menschen untrennbar* ist.

Wenn ich die Theologen ärgern wollte, könnte ich noch lange darauf herumreiten. Da ich sie ja aber gerade trösten möchte, hoffe ich, genug gesagt zu haben, um ihren Verdacht zu bestätigen, die Soziologie sei nun einmal das große Ärgernis unserer Zeit, eine typische Entlarvungswissenschaft, die Nihilisten, Zynikern und anderen fragwürdigen Subjekten auf den Leib geschrieben ist. Konservative Theologen und Politiker hegen diesen Verdacht schon lange, und ihre Abneigung beweist einen untrüglichen Instinkt des Überlebenwollens. Ich kann hier leider nicht auf die heikle Frage eingehen, ob man die Soziologie in einer geordneten Gesellschaft nicht doch besser verbieten sollte – jugendgefährdendes Schrifttum und (gesellschaftlicher) Hausfriedensbruch sind immerhin nicht auf die leichte Schulter zu nehmen. Plato hätte sie sicher verboten, wenngleich man, was das jugendgefährdende Schrifttum betrifft, für ihn ein Auge zudrücken muß. Die Herausforderung, die sie für das theologische Denken bedeutet, hat jedoch, was man so leicht gar nicht erwarten würde, auch gewisse versöhnende Züge, die noch ihre ärgerlichsten Enthüllungen mehr als ausgleichen. Diese Möglichkeiten der Soziologie für die Theologie sind es, die ich hier aufzeigen möchte.

Man kann dem Drachen der Relativität keinen fetten Bissen hinwerfen, um dann dem eigenen Geschäft nachzugehen, als ob nichts geschehen wäre. Max Scheler, der Begründer der Wissenssoziologie, hat genau das getan. Und auf theologischem Gebiet ist die dem neo-orthodoxen Lager besonders teure Unterscheidung zwischen „Religion" und „christlichem Glauben" eine gewisse Parallele dazu [4]. Auf „Religion" trifft jegliche nur denkbare Relativierung zu. „Christlicher Glaube" aber – oder gar „Christen-

---

[4] Ich habe diese Unterscheidung selbst in einer früheren Arbeit gemacht. S. Peter L. Berger, *The Precarious Vision*, Doubleday, Garden City, N. Y. 1961. Ich bin jetzt anderer Ansicht als damals.

glaube" – dagegen gilt als absolut relativitätsimmun, weil er nämlich ein Geschenk der göttlichen Gnade, kein Gebilde aus Menschenhand sei und daher der sichere Fels, von dem aus man die Wanderdünen der Relativitäten beobachten kann. Eine der großartigsten Formulierungen dieser Auffassung ist Karl Barths Essay über Feuerbach [5]. Abwandlungen sind dann Unterscheidungen wie die zwischen „Weltgeschichte" und „Heilsgeschichte" (eine Dichotomie, mit der der Protestantismus seit langem liebäugelt) oder, jüngeren Datums, zwischen „Historie" und „Geschichte", ein Taschenspielertrick der Bultmann-Schule, der zum Glück in jeder anderen denn der deutschen Sprache viel von seinem Reiz einbüßt.

„Weltgeschichte" ist der Gang der Ereignisse, den der Historiker erforschen kann. „Heilsgeschichte" dagegen ist die Geschichte von Gottes Wirken in der Welt, die nur der lebendige Glaube zu erfassen vermag. „Historie" sind die konkreten geschichtlichen Ereignisse, „Geschichte" dagegen vollzieht sich im Sein des Gläubigen, einem Sein, für das die historischen Ereignisse nur Symbole oder Allegoreme sind. Der Historiker macht z. B. alles mögliche über Jesus von Nazareth ausfindig. Seine Entdeckungen sind jedoch letzten Endes irrelevant, weil nur der Glaube erfassen kann, daß dieser Jesus von Nazareth der Christus, der Heiland und Erlöser, ist, oder weil wichtig nicht der historische Jesus, sondern eben der Christus ist, dessen Wirken der gläubige Christ existentiell, in seinem innersten Sein, erfährt. Der Grund, warum diese Argumentation nicht stichhaltig ist, ist ein zwiefacher. Erstens sind solche Unterscheidungen für den empirischen Forscher bedeutungslos – „Christlicher Glaube" ist einfach eine Variante des Phänomens „Religion", „Heilsgeschichte" des Phänomens „Geschichte" usw. Voraussetzung für die Unterscheidung ist, daß es aus der empirischen Sphäre, die als solche nicht geleugnet wird, einen Sonderausgang gibt. Unter einer solchen Voraussetzung

---

[5] In: *Die Theologie und die Kirche,* Evangelischer Verlag, Zollikon/Zürich 1928, Bd. II, S. 212–239.

kann ein Problem, das innerhalb dieser Sphäre liegt, aber nicht gelöst werden. Zweitens: Der sichere Boden ist dem Menschen angeblich von Gott gegeben, „allein durch die Gnade", ohne die er dem Menschen nicht erreichbar ist. Damit wären wir jeder Stütze beraubt und verlassen, sofern wir nicht schon davon überzeugt sind, auf eben diesem Boden zu stehen. Sind wir das nicht, so müßten wir nach dem Wege fragen, auf dem man dahin gelangt. Wegweiser aber kommen in diesem theologischen Gelände nicht vor. Es kann sie auch gar nicht geben, denn sie wären ein Widerspruch zu seiner inneren Logik. Merkwürdigerweise sind diese Versuche, das Problem der Relativität zu lösen, Neuauflagen der alten calvinistischen Prädestinationslehre: du kannst nirgends hinkommen, von wo du nicht hergekommen bist. Diejenigen unter uns, denen der Sinn für Auserwähltheit abgeht, müssen sich also mit ihrer Verdammnis abfinden oder nach einer anderen theologischen Methode Ausschau halten.

Heutzutage muß eine solche Methode die Bereitwilligkeit enthalten, dem Relativierungswesen auf den Grund zu sehen. Das bedeutet einen Verzicht auf jeglichen Immunitätsanspruch (sei es im neo-orthodoxen Sinne oder nach der alten liberalen Devise „bis hierher und nicht weiter"). Wenn man sich dem Drachen der Relativität erst einmal frontal gestellt hat, ereignet sich offenbar etwas Sonderbares: Die Frage der Wahrheit behauptet sich auf einmal in fast altertümlicher Schlichtheit, und zwar gerade wenn die jeweils anstehenden Relativierungskategorien (der Geschichte, der Wissenssoziologie usw.) zu Worte gekommen sind. Wir wissen nun, daß alle menschlichen Überzeugungen sozio-historischen Prozessen ausgesetzt waren und sind. Aber die Frage, *welche wahr und welche falsch* sind, bleibt übrig und stellt sich nun erst recht. Jetzt können wir dieser Frage nicht mehr ausweichen, sowenig wie wir zum Stande ihrer vor-relativistischen Unschuld zurückkehren können. Die verlorene Unschuld des Fragens nach der Wahrheit ist es, um deren Preis wir den „Feuer-Bach" hinter uns gebracht haben.

Sehen wir uns einmal unter diesem Gesichtspunkt die „radikale" oder die „säkulare" Theologie jüngster Zeit an. Für beide ist das Bewußtsein des sogenannten modernen Menschen sowohl der Ausgangspunkt als auch das entscheidende Kriterium. Die Überlieferung wird immer weiter relativiert, indem ihr ein Bewußtsein unterschoben wird, das – teilweise oder als Ganzes – „für uns nicht mehr möglich ist" bzw. sein soll. Teilweise oder als Ganzes wird sie deshalb in Ausdrücke, Begriffe und Vorstellungen „übersetzt", die angeblich mit dem modernen Bewußtsein vereinbar sind. Bultmanns Programm der „Entmythologisierung" ist beispielhaft für dieses Verfahren. Er beginnt mit der Prämisse, daß, wer mit Elektrizität oder Radio umgeht, schwerlich weiter an die Wunder des Neuen Testaments glauben könne, und endet dabei, Grundelemente der christlichen Lehre in Kategorien des Existentialismus zu übersetzen. Grundsätzlich ist die Prozedur die gleiche bei allen Theologen mit dieser oder einer ähnlichen Tendenz. Verschieden ist nur die Methode (einige geben der Jungschen Psychologie, andere der *Linguistic Analysis* den Vorzug vor dem Existentialismus).

Mir geht es hier weder um das Für und Wider des „Übersetzens" noch darum, ob die Prämisse hinsichtlich des modernen Menschen vor der Empirie standhält, sondern um einen heimlichen *Widerspruch* des Gedankenganges, auf den ich aufmerksam machen möchte. Um es ganz einfach zu sagen: Die *Vergangenheit*, aus der uns die Überlieferung überkommen ist, wird mittels dieser oder jener sozio-historischen Analyse relativiert. Die *Gegenwart* aber ist offenbar seltsam immun gegen jegliche Relativierung. Den Autoren des Neuen Testaments wird ein falsches, in ihrer Zeit gegründetes Bewußtsein angekreidet. Der moderne Gelehrte dagegen scheint das Bewußtsein seiner, *unserer* Zeit ungeprüft als ungeteilten Segen hinzunehmen. Mit anderen Worten: intellektuell werden Elektriker oder Radiohörer über den Apostel Paulus gestellt.

Das ist zwar an sich schon ziemlich eigenartig. Wichtiger erscheint jedoch, daß es in der Perspektive der Wissenssoziologie höchst einseitig und simpel ist. Was dem 1. Jahrhundert billig ist, sollte dem 20. schließlich recht sein. Das Weltbild der Autoren des Neuen Testaments ist durch dieselben gesellschaftlichen Prozesse zustande gekommen und Bestand geworden wie das der „radikalen" modernen Theologen. Beiden Weltbildern entsprechen ihnen gemäße Plausibilitätsstrukturen mit den dazugehörigen Stützmechanismen. Wenn man das begriffen hat, verliert das angeblich moderne Bewußtsein in *jeder* Formulierung ein gut Teil seines Zaubers, es sei denn, man ließe sich einreden, es sei die Gestaltwerdung höherer kognitiver Kräfte. Indem sie sich auf die moderne Philosophie und Psychologie berufen, bringen manche Leute so etwas fertig. Im Zeichen des elektrifizierten weltanschaulichen Normalverbrauchers ist es schon etwas schwieriger. Da hat man nämlich den peinlichen Eindruck, daß der Apostel Paulus denn doch ein bißchen mehr zu sagen hatte. Die Folge solcher Betrachtungen ist eine nicht unerheblich veränderte Einstellung zur These von der angeblichen Abdankung der Transzendenz. Lassen wir einmal ihre empirischen Grundlagen völlig unberührt und geben wir ruhig zu, daß ein gewisser Bewußtseinstyp in der modernen Welt sich mit dem Übernatürlichen schwertut. Diese Behauptung bewegt sich jedoch auf der Ebene sozio-historischer Diagnosen, weshalb die diagnostizierte Befindlichkeit *nicht* als absolutes Kriterium herhalten kann. Auch die gegenwärtige Situation ist gegen Relativierung nicht immun. Wir können feststellen, so oder so ist das moderne Bewußtsein. Ob wir es jedoch billigen, bleibt dabei offen. Wir bejahen z. B. die Feststellung, daß das moderne Bewußtsein sich Engel oder Dämonen nicht vorstellen kann. Die Frage, ob es Engel oder Dämonen gibt, obwohl das moderne Bewußtsein sie sich nicht vorzustellen vermag, bleibt davon unberührt.

Eine der vielleicht im buchstäblichen Sinne versöhnlichen Möglichkeiten der Soziologie für das Denken ist, daß ihre Relativierungen, wenn man sie zu Ende denkt, sich gegen sie selber wenden. Die Relativierer selbst werden relativiert, die Demaskierer demaskiert, ja, es kommt zu einer Art Selbstliquidation des Relativierens. Die Folge ist *nicht*, was einige Wissenssoziologen der ersten Stunde befürchtet haben, eine totale Paralyse des Denkens. Im Gegenteil: die Wissenssoziologie bringt eine ganz neue Freiheit und Beweglichkeit des Fragens nach der Wahrheit herauf.

Zur gegenwärtigen Krise der Religion bleibt die Wissenssoziologie nicht bei der bloßen Feststellung des Tatbestandes stehen. Sie durchleuchtet die Gründe dafür, daß die Religion heute unglaubwürdig geworden sein soll. Mit ihren spezifischen Methoden kann sie die Relativierer selbst relativieren, indem sie *deren* Plausibilitätsstruktur nicht nur bloßlegt, sondern auch genau an den springenden Punkten packt. An allererster Stelle wäre da der moderne *Pluralismus* zu nennen, in diesem Falle also jene Situation, in der die Gesellschaft mehr als eine Weltanschauung bietet[6].

Weltanschauungen sind und bleiben, wie ich zu zeigen versucht habe, als subjektive Gewißheiten in dem Maße fest verankert, in dem sie von einheitlichen und kontinuierlich fortwirkenden Plausibilitätsstrukturen gestützt sind. Bei optimaler Konsistenz und Kontinuität haben sie den Charakter von nicht in Frage gestellten und zu stellenden Gewißheiten. Umgekehrt gilt die simple Faustregel, daß die Dichte der Gewißheit abnimmt, je näher Weltanschauungen zeitlich an die moderne Industriegesellschaft heranrücken. Ein primitiver Stamm hatte es da leichter als die antike Polis. Diese wiederum war für die Produktion von Gewißheiten besser ausgerüstet als die sozialen Gebilde unserer Zeit. Moderne Gesellschaften sind – das gehört zu ihrem Wesen – in höchstem Maße durchorganisiert und in selbständige Einheiten untergliedert. Zugleich besteht zwischen ihren Subgesellschaften, eben den selbständigen Einheiten, auch eine besonders gute Kommunikationsmöglichkeit. Die Ursachen dafür sind zwar verwikkelt, aber nicht geheimnisvoll. Die Grundlagen sind der durch die industriellen Produktionsformen erreichte hohe Grad der Ar-

---

[6] S. auch hierzu Berger und Luckmann, ,Secularization and Pluralism', loc. cit. Die Autoren verdanken einige sozialpsychologische Gesichtspunkte ihrer Auffassung von Pluralismus den Arbeiten von Arnold Gehlen und Helmut Schelsky.

beitsteiligkeit und die damit zusammenhängenden Besiedlungs-
und Schichtungsformen einschließlich ihrer typischen Kommunikationsmittel. Für den einzelnen schlägt sich das in differenzierten und mehrstufigen Sozialisationsprozessen nieder, die meistens schon in der frühen Kindheit einsetzen. Wenn er herange-
wachsen ist, muß er viele verschiedene, ja antagonistische Rollen
spielen, deren einige er sorgfältig von anderen getrennt halten
muß, weil keineswegs alle den verschiedenen Bereichen seines gesellschaftlichen Seins gleich angemessen sind.

Die Folge ist eine innere Distanz zu gewissen Rollen, die tatsächlich nur noch *gespielt* werden, und zwar oft nicht ganz ohne
Augenzwinkern. In der Familie z. B. muß man sich an den Sitten-
kodex der Mittelklasse halten, während man sich über dessen
Spießigkeit in „anderer" Gesellschaft erhaben zeigt, um sein Gesicht zu wahren. Sobald jemand sowohl an seiner Familie als auch
an der „anderen" Gesellschaft hängt, spielt er also zwei einander
widersprechende Rollen auf einmal. Wenn er sein „wirkliches"
Selbst mit der Familie identifiziert, geht er „nur oberflächlich" auf
den Ton seiner fortschrittlicheren Zeitgenossen ein. Identifiziert
er sich jedoch, was das Wahrscheinlichere ist, mit diesen, so tut er
in seiner Familie nur so „als ob". In beiden Fällen „spielt" er, nicht
ohne Augenzwinkern, „unaufrichtig", „oberflächlich" – d. h. mit
Distanz zur jeweiligen Rolle.

Das führt unvermeidlich zu einer Situation, in der die meisten
Plausibilitätsstrukturen nur partiell „bewohnt" werden und dadurch an Wirksamkeit einbüßen. Sie gelten nur für einen Teil der
persönlichen Welt und verlieren dadurch den Charakter des „Natürlichen", des Unerläßlichen und Selbstverständlichen. In primitiven Gesellschaften lebten die Menschen meistens in Institutionen (Stamm, Clan, ja sogar Polis), die als solche schon die
signifikanten Beziehungen des einzelnen zu anderen repräsentier-
ten. Das moderne Individuum lebt dagegen in einer Pluralität von
Welten, ein Pendler zwischen konkurrierenden Plausibilitätsstrukturen, deren jede durch die bloße Tatsache ihrer unfreiwilli-
gen Koexistenz mit anderen geschwächt ist. Außer den signifikan-

ten, den wirklichkeitssichernden anderen gibt es in der pluralistischen industriellen Situation immer und überall noch *„die anderen"*, quälende, Ärgernis erregende andere, Wirklichkeitsverunsicherer, Ungläubige, die vielleicht das moderne Skandalon par excellence sind.

Das Aufkommen pluralistischer gesellschaftlicher Welten hat sich ganz besonders in der Religion manifestiert, und zwar wiederum aus keineswegs geheimnisvollen Gründen, deren wichtigster die Reformation mit ihren Nachfolge-Schismen war. Ich halte den Pluralismus, nicht irgendeinen dunklen Sündenfall des Geistes, für die eigentliche Ursache der schwindenden Plausibilität unserer Religionen. Soziologisch gesehen, gehört nicht viel dazu, Katholik zu sein, wenn man seine „signifikanten anderen" – und sei es nur mangels „anderer" anderer – auf Katholiken beschränken kann und wenn noch dazu alle wichtigen Institutionen eine homogen katholische Welt tragen und gewährleisten. Die Sache sieht ganz anders aus, wenn man sich tagtäglich an beliebig vielen „anders" anderen reiben muß, mit Kommunikationen gefüttert wird, die katholische Vorstellungen ignorieren, und schon von Glück sagen kann, wenn irgendwo noch ein kleiner katholischer Winkel existiert, in den man sich gelegentlich zurückziehen kann. In der modernen Gesellschaft ist es überhaupt sehr schwer, „unter sich" zu bleiben, ganz besonders aber im religiösen Bereich. Dieser klare soziologische Tatbestand, nicht die Allmacht eines unerbittlich „wissenschaftlichen" Weltbildes liegt der Plausibilitätskrise der Religion in unserer Zeit zugrunde.

Von eben diesem Tatbestand läßt sich auch weitgehend ableiten, warum es „nicht mehr möglich" sein soll, an die Wunder des Neuen Testaments und mancherlei anderes zu glauben. Die Glaubensinhalte der Religion sickern durch den porös gewordenen Boden der Gewißheit hinunter in ein bodenloses Nur-noch-Glauben, Meinen oder *Bevorzugen* – um einen Ausdruck zu gebrauchen, der besonders gut trifft, was in der pluralistischen Situation vor sich geht. Der Pluralismus stellt uns nicht nur vor die Wahl, er zwingt uns zu wählen. Die Kehrseite der Medaille ist die Gefährdung jeder religiösen Gewißheit. Es ist ganz lehrreich, sich einmal klarzumachen, daß „Häresie" wörtlich Auswahl bedeutet. In der pluralistischen Gesellschaft ist jede Religionsgemeinschaft eigentlich eine Häresie, d. h. sie steht zur „Auswahl" und setzt sich damit allen gesellschaftlichen und psychischen Ungewißheiten aus, die in dem Wort mitschwingen. So wird denn also der Radiohörer in seiner Glaubensfähigkeit nicht etwa durch das naturwissenschaftlichtechnische Wissen, durch das sein Radio zustande gekommen ist, irritiert. Davon hat er entweder keine Ahnung, oder es ist ihm ziemlich gleichgültig. Was ihn jedoch irritiert, ist die Fülle von Ideen und Auffassungen, mit denen ihn das Radio und andere Kommunikationsmittel überschütten. Wir haben gewiß Verständnis und Mitleid für seine Bedrängnis. Aber es besteht nicht der geringste Grund dazu, sie ehrfurchtsvoll zu bestaunen.

Fassen wir noch einmal zusammen: Von der Soziologie, insbesondere der Wissenssoziologie, kann eine Befreiung ausgehen. Andere analytische Wissenschaften befreien uns vom Ballast der Vergangenheit. Die Soziologie befreit uns von der Tyrannei der Gegenwart. Wenn wir unsere Situation erst einmal soziologisch zu sehen gelernt haben, kommt sie uns nicht mehr wie ein unausweichliches Schicksal vor. Freilich können wir nicht aus unserer Haut schlüpfen. Soziologie ist keine Zauberei. Die gesellschaftliche Situation, in der wir leben, wirkt, auch wenn wir sie verstehen, mit allen ihren Kräften auf uns ein. Noch als Soziologen sind und bleiben wir soziale Wesen. Was wir gewinnen, ist ein gewisses Maß an Unabhängigkeit von den sogenannten Gewißheiten unserer Zeit. Rankes berühmtes Wort: „Jedes Zeitalter ist unmittelbar zu Gott" war eine Ablehnung des vulgären Fortschrittsglaubens, für den der eigene historische Augenblick der Gipfel aller Geschichte ist. Die Soziologie bestärkt und stützt uns, wenn wir uns auf die Suche nach Wahrheit begeben: nach jeder Wahrheit, die jedes Zeitalter in seiner eigenen „Unmittelbarkeit zu Gott" gefunden hat.

Meiner Meinung nach ist schon das ein großer geistiger Gewinn. Ich gehe jedoch noch weiter und schlage vor, die ganze Auf fassung von der Religion als Produkt oder Projektion des Menschen einmal auf den Kopf zu stellen. Das wäre nämlich eine Möglichkeit für die Theologie, der Herausforderung durch die Soziologie besonders wirksam zu begegnen. Wenn ich recht habe, käme ein gigantischer Schabernack mit Feuerbach dabei heraus.

Feuerbach sieht die Religion als Projektion des menschlichen Seins durch den Menschen – als den Menschen in Majuskeln sozusagen. Deshalb wollte er die Theologie auf eine Anthropologie reduzieren und die Religion am Bilde einer ihr zugrunde liegenden menschlichen Wirklichkeit erklären. Er übernahm damit Hegels Dialektik, veränderte jedoch ihre Bedeutung. Dialektik bei Hegel (und anderen) ist ein reziprokes Verhältnis zwischen einem Subjekt und dessen Objekt, eine „Unter-Haltung" des Bewußtseins mit etwas, das außerhalb dessen liegt. Hegel hatte den Begriff zuerst theologisch konzipiert. Die „Unter-Haltung" fand letzten Endes zwischen dem Menschen und Gott bzw. Gott und dem Menschen statt. Feuerbach machte daraus eine „Unter-Haltung" des Menschen mit seinen Hervorbringungen. Anders ausgedrückt: Statt des Hegelschen Dialogs zwischen dem Menschen und einer über ihn hinausreichenden und -wirkenden Wirklichkeit wurde die Religion bei Feuerbach zu einem Monolog des Menschen.

Nicht nur bei Marx und Freud, sondern in der gesamten historisch-psychologisch-soziologischen Interpretation religiöser Phänomene seit Feuerbach wird, was nachzuweisen wäre, Feuerbachs Konzeption bzw. sein Vorgehen ständig wiederholt und abgewandelt. Demgegenüber führt eine soziologische Analyse der Religion, vor allem nach wissenssoziologischen Kriterien, in letzter Konsequenz zu einer neuen Umkehrung, d. h. Feuerbachs Auffassung von Religion entpuppt sich ebenfalls als menschliche Projektion, als ein wissenschaftlicher Analyse zugängliches Produkt der Geschichte[7].

---

[7] Eine systematische Darstellung dieses Fragenkomplexes findet sich in Berger, *The Sacred Canopy*, loc. cit.

Wer diesem Gedanken folgen will, sollte sich vergegenwärtigen, daß sowohl Feuerbach und Marx als auch Freud die Dialektik Hegels umgekehrt haben. Wer wider sie war, sah diese Umkehrung, als stände die Dialektik nun auf dem Kopf. Wer für sie war und ist, erklärt, sie hätten sie zurück auf die Füße gestellt. Welches der beiden Bilder man bevorzugt, hängt offenbar davon ab, welche Grundvorstellung von der Wirklichkeit man hat. Logisch ist jedoch ein Nebeneinander *beider* Perspektiven möglich. Was in einem Bezugssystem menschliche Projektion ist, erscheint in einem anderen als Reflex göttlicher Wirklichkeit. Die Stimmigkeit der einen Perspektive schließt die der anderen nicht aus.

Das wird mit Hilfe einer Analogie deutlicher. Wenn es überhaupt etwas Geistiges gibt, das eine reine Projektion des menschlichen Bewußtseins zu sein scheint, so die Mathematik. Ein Mathematiker kann ohne jeden Kontakt mit der Natur mathematische Universen konstruieren, die als reine Produktionen des Verstandes seinem Haupte entspringen. Die erstaunlichste und immer wieder verifizierte Entdeckung der modernen Naturwissenschaft – unabhängig von einer mathematischen Vorformulierung der Naturvorgänge – ist nun aber, daß die Natur offenbar selbst letzten Endes ein Gewebe aus mathematischen Relationen ist. Einfacher gesagt: die Mathematik, die der Mensch aus seinem Bewußtsein hinausprojiziert, entspricht auf irgendeine Weise einer mathematischen Wirklichkeit, die für den Menschen zwar ein Außen ist, das sein Bewußtsein jedoch zu reflektieren scheint. Wie ist so etwas möglich? Natürlich ist es nur möglich, weil der Mensch selbst Teil ein und derselben umfassenden Wirklichkeit ist, so daß zwischen den Strukturen seines Bewußtseins und den Strukturen der empirischen Welt fundamentale Affinitäten bestehen. Projektion und Reflexion sind also Bewegungen, die innerhalb derselben umgreifenden Wirklichkeit vor sich gehen.

Dasselbe kann auch auf die religiösen Imaginationen des Menschen zutreffen. Eine theologische Methode, die ihres Auftrags würdig sein will, sollte bei dieser Möglichkeit ansetzen. Dabei sollte sie sich eben nicht auf die Suche nach religiösen Phänome-

nen begeben, die *keine* menschlichen Projektionen zu sein scheinen. Gegen die Relativierung durch sozio-historische Analyse ist
nichts gefeit. Was immer derartige Phänomene sein mögen, sie
sind *auch* menschliche Projektionen, Produkte der Geschichte,
gesellschaftliche Konstruktionen. Man darf das Meta-Empirische
nicht als Enklave in der empirischen Welt begreifen wollen – so
wenig wie die Freiheit als Loch im Strumpf der Kausalitäten. Die
Theologie kann nur davon ausgehen, daß „in, mit und inmitten"
der ungeheuren Menge menschlicher Projektionen *auch* Verwei-
sungen auf eine Wirklichkeit vorkommen, die wirklich „anders"
ist, eine Wirklichkeit, die der Mensch in seiner religiösen Einbildungskraft zu reflektieren fähig ist.

Mit diesen Überlegungen haben wir nun schon auf einen theologischen Ansatz verwiesen, der zwar nicht ausschließlich theologisch, aber besonders dazu angetan ist, der Herausforderung, von
der wir gesprochen haben, zu begegnen. Ich meine die Anthropologie, und zwar im europäischen Sinne, d. h. als eine philosophische Richtung, die sich die Frage nach dem Wesen des Menschen
gestellt hat. Wenn die religiösen Projektionen einer Wirklichkeit
entsprechen, die übermenschlich und übernatürlich ist, dann ist
es nur folgerichtig, wenn man ihre Spuren im Wesen dessen, der
sie projiziert, sucht. Damit wird nicht etwa eine empirische Theologie – logisch eine Unmöglichkeit – gefordert, aber eine Theologie mit großem Spürsinn für das Empirische, die ihre Lehren in
Übereinstimmung mit dem bringen kann, was empirisch faßbar
ist. Eine solche Theologie, die vom Wesen des Menschen ausgeht,
wird zu gewissen Grundlagen des liberalen Protestantismus zu-
rückgehen – wobei zu hoffen wäre, daß sie nicht noch einmal vor
den „Gebildeten unter den Verächtern der Religion" und vor all
den Utopien, die diese uns beschert haben, die Waffen streckt.

3. Neue Wege der Theologie: Am Anfang ist der Mensch

Wenn man Anthropologie so weit faßt, d. h. wenn man ihr jede systematische Erforschung der Verfassung des Menschen und seiner Daseinsbedingungen subsumiert, hat selbstverständlich auch die Theologie eine anthropologische Dimension. Schließlich versenkt sie sich nur selten in das Göttliche an und für sich, sondern es ist ihr um dessen Relationen zum Menschen und um dessen Bedeutung für ihn zu tun. Noch die abstraktesten Theorien über das Wesen der Trinität z. B. waren ursprünglich heilsorientiert, d. h. ihr Movens war eher brennende Sorge um die Erlösung als Freude an spekulativen Glasperlenspielen. Die Frage, ob Theologie und Anthropologie etwas miteinander zu tun haben, ist also müßig. Entscheidend ist nur, wo die Anknüpfungspunkte liegen.

Der liberale Protestantismus war bis zum Ersten Weltkrieg insofern anthropologisch eingestellt, als er die Wahrheit der christlichen Überlieferung aus konkreten Fakten der Menschheitsgeschichte ableiten zu können glaubte. Einer Zeit des triumphierenden bürgerlichen Geistes entsprach eine Anthropologie des Vertrauens in die Vervollkommenbarkeit des Menschen und den progressiven Verlauf seiner Geschichte. Daß diese Anschauungen nach dem Ersten Weltkrieg, als die Krise des bürgerlichen Geistes offenbar geworden war, an Plausibilität einbüßten, ist nicht überraschend. Man sah jetzt nur zu deutlich die naiven, situationsgebundenen Schwächen einer liberalen Lehre vom Menschen, auf religiösen wie auf weltlichen Gebieten. Daß die neo-orthodoxe Theologie die hohlen utopischen Züge des Liberalismus jetzt verketzerte, war nicht nur gerechtfertigt, sondern ein notwendiger

Protest. Damit wird jedoch ihr eigenes Menschenbild noch nicht gültig[1].

Einer der aufschlußreichsten Züge der neo-orthodoxen Reaktion auf die liberale Theologie ist die leidenschaftliche Ablehnung der historischen und anthropologischen Ausgangsposition. Die Liberalen hatten den Nachdruck auf den Weg des Menschen zu Gott gelegt. Die Neo-Orthodoxen legten ihn auf Gottes Wirken am Menschen. Menschliche Erfahrung bot keinerlei Ansatzpunkte für die neue Theologie. Für sie galt nur die unbeugsame Majestät göttlicher Offenbarung, die über den Menschen als Vernichtung, Gericht oder Gnade hereinbricht. Diese Gotteslehre wagte noch einmal zu sagen: *Deus dixit* – also sprach Gott der Herr.

Die ersten großen Impulse der Neo-Orthodoxie waren entschieden anti-anthropologisch. Dem Menschen wurde kein Zugang zu Gott gegönnt. Der Weg führte nur in einer Richtung, von Gott zum Menschen. Gott allein oblag das Wirken Seiner Offenbarung, einer Offenbarung, die nirgends im Wesen des Menschen verwurzelt ist. Jede anthropologische Aussage (z. B. über des Menschen Sündigkeit) war nur nach Maßgabe dieser Offenbarung möglich. Mit anderen Worten: es bestand zwar die Möglichkeit einer theologisch deduzierbaren Anthropologie. Induktive Wege von der Anthropologie zur Theologie gab es indessen nicht. Am pointiertesten kommt diese Auffassung in Karl Barths Frühwerk zum Ausdruck, in seiner radikalen Rückkehr zum theozentrischen, allein auf die Offenbarung gestützten Denken der Reformation. In diesem Zusammenhang wird seine These verständlich, daß der entscheidende Unterschied zwischen Protestantismus und Katholizismus die Einstellung zur *Analogia*

---

[1] Über diese Entwicklungen in der Theologie gibt es eine umfangreiche Literatur. Unter den wichtigsten deutschen Arbeiten wäre hervorzuheben Horst Stephan, *Geschichte der deutschen evangelischen Theologie seit dem deutschen Idealismus*, 2., von Martin Schmidt bearbeitete Auflage, Töpelmann Verlag, Berlin 1960.

entis (zur scholastischen Idee, daß zwischen Gott und dem Menschen eine „Analogie des Seins" besteht) ist. Laut Karl Barth gab es für evangelische Christen zu dieser Lehre nur ein donnerndes „Nein".

Eine so unbeugsame Position war sogar für Anhänger der neoorthodoxen Bewegung zuviel. In den dreißiger Jahren kam es zur Kontroverse zwischen Barth und einem anderen Schweizer Theologen, Emil Brunner, in deren Verlauf letzterer die neo-orthodoxe Abneigung gegen die Anthropologie wesentlich einschränkte. Bezeichnenderweise galt sein Interesse vor allem dem, was er den „Anknüpfungspunkt" zwischen der Offenbarung Gottes und der Situation des Menschen nennt. Weitgehend auf praktische Erwägungen der Glaubensverkündung und Seelsorge gestützt, führte er damit wieder eine anthropologische Perspektive in die neo-orthodoxe Theologie ein. Es war nur folgerichtig, daß die ersten Aussagen einer durch solch ein Fegefeuer gegangenen Anthropologie die „Verlorenheit" des Menschen, den Jammer seiner Verfassung, besonders betonten. Je trister das Bild des Menschen, desto lauter der Ruf nach „Anknüpfung", nach göttlicher Offenbarung. Das düstere Menschenbild des Existentialismus war für dieses theologische Denken wie geschaffen.

Später kamen, besonders in Amerika, noch die pessimistischen Auslegungen der Anthropologie Freuds hinzu. Worte wie „Angst" oder „Geworfenheit" gehörten alsbald zum Grundstock des Wortschatzes neo-orthodoxer Theologen. Für eine Weile schien es, als sei der unvermeidliche Kontrapunkt zur christlichen Botschaft eine Anthropologie der Verzweiflung, und der Mensch, an den diese Botschaft sich richtet, schien nur mehr ein mörderisches, inzestuöses Monstrum, das, gäbe es nicht die eine Hoffnung auf Gnade durch Gottes Offenbarwerden, dem unvorstellbarsten Jammer anheimfallen müsse.

Daß eine solche Auffassung vom Menschen in den zwölf apokalyptischen Jahren der Hitlerzeit keiner besonderen Empfehlung bedurfte, erübrigt sich zu sagen. Dennoch gab es selbst damals Leute, denen soviel Einseitigkeit nicht ganz geheuer war, ja, die mit Camus die Erfahrung machten, daß es „in den Heimsuchungen … mehr an den Menschen zu bewundern als zu verachten gibt"[2]. Das Lob der Diesseitigkeit, zu dem sich die Theologie im letzten Jahrzehnt wieder bereit fand – populäre Höhepunkte sind John Robinsons *Gott ist anders* (1963) und Harvey Cox' *The Secular City* (1965)[3] –, eröffnete begreiflicherweise wieder etwas freundlichere Perspektiven auf und für den Menschen. Die Devise war jetzt eher „Freuet euch und frohlocket" denn „Fürchtet den Herrn, denn er ist schrecklich", und die Gesellschaft wurde aus einem Morast der Nichtigkeiten zu einer Arena gezielter Anstrengungen, den Menschen zu bessern. Einmal mehr folgte die Theologie damit einem allgemeinen Zug der Zeit. Schließlich vollzog ja sogar Sartre die Kehre von der angeblichen Unmöglichkeit der Liebe zum Glauben an die weltverändernde revolutionäre Aktion. Für die Säkularisierung des Christentums dürfte die Wendung zum Optimismus eine *conditio sine qua non* sein. Säkularisierungsfreudige Theologen übersetzen nun einmal die Überlieferung in Vorstellungen, die „diesem Zeitalter" innewohnen. Wenn ihr Unterfangen ein bißchen attraktiv sein soll, muß „dieses Zeitalter" der Mühe auch wert sein. So ersetzen denn bald Ausdrücke wie „Autonomie des Menschen", „der mündige Mensch", ja sogar „demokratischer Humanismus" das veraltete Vokabular der Angst und Verzweiflung. Wenn man sich ein bißchen Unbefangenheit bewahrt hat, erinnern einen solche Wandlungen an die Grimassenspiele von Kindern: „Jetzt weine ich, jetzt lache ich" – nur machen Kinder nicht gleich aus jeder Phase eine Philosophie.

Ich habe schon gesagt, daß meine Vorschläge, wenngleich befangen in den jeweiligen Umständen, unter denen Denken stattfindet, denn doch eine gewisse Unabhängigkeit von den sich überschlagenden „Stimmungstheologien" enthalten. Meine Emp-

[2] Albert Camus, *Die Pest*, rororo-Taschenbuch, Hamburg 1950, S. 249.
[3] Deutsche Ausgabe: *Stadt ohne Gott*, Kreuz Verlag, Stuttgart und Berlin 1966.

fehlung, die Theologie möge sich wieder auf einen anthropologischen Ansatz besinnen, fußt eben auf der Überzeugung, daß die Verankerung in fundamental menschlicher Erfahrung gegen die Unberechenbarkeiten unserer Zivilisation Schutz bietet. Mit anderen Worten, ich will kein noch „relevanteres" Programm, keine neue Zeitrechnung (post-X oder neo-Y), sondern ich setze meine Hoffnung auf theologische Möglichkeiten, deren Dauer länger bemessen sein dürfte als gesellschaftliche, politische und kulturelle Krisen.

Was kann ein Ansetzen bei der Anthropologie der Theologie einbringen?

Ich bin außerstande, auch nur einen Überblick über die sich ständig mehrende Literatur einer seit dem Ende der zwanziger Jahre aufgekommenen Richtung in der Philosophie zu geben, die sich „Philosophische Anthropologie" nennt. Ich habe auch keinen Entwurf für eine neue Theologie in der Tasche, der sich aus diesen Quellen speisen könnte. Das sind Aufgaben für Philosophen und Theologen (wer weiß, vielleicht bewältigen sie sie sogar einmal mit vereinten Kräften). Anderen Leuten Aufträge zu geben, ist nun allerdings auf die Dauer etwas unbefriedigend. In aller gebotenen Bescheidenheit also und im Bewußtsein meiner offenbaren Grenzen möchte ich doch wenigstens ein paar Vorschläge machen, in welcher Richtung man sich bewegen könnte.

Ich fordere die Theologen auf, sich in der empirisch gegebenen Situation des Menschen nach etwas umzusehen, das man *Zeichen der Transzendenz* nennen könnte. Und ich behaupte, daß es *prototypisch menschliches Verhalten* gibt, Gebaren, Gebärden, Gesten, die als solche Zeichen anzusehen sind.

Zeichen der Transzendenz nenne ich Phänomene der „natürlichen" Wirklichkeit, die über diese hinauszuweisen scheinen. Mit anderen Worten: Der Begriff Transzendenz ist hier nicht im gewohnten philosophischen Sinne zu verstehen, sondern wortwörtlich – als ein Überschreiten der bzw. Heraustreten aus der Alltagswelt, das ich oben mit der Vorstellung vom „Übernatürlichen" gleichgesetzt habe. Prototypische menschliche Gesten sind für mich gewisse immer wiederkehrende Verrichtungen und Empfindungen, die essentielle Züge des Seins des „Menschen als Lebewesen" auszudrücken scheinen. Ich meine *nicht* das, was Jung „Archetypen" nennt, mächtige, tief im Unbewußten begrabene Symbole, die Gemeingut aller Menschen sind. Die Phänomene, die ich meine, sind keineswegs „unbewußt" und brauchen nicht aus der Tiefe „ausgegraben" zu werden, sondern sie gehören ganz einfach in den Bereich der alltäglichen Wahrnehmung.

Ein menschlicher Grundzug, der für das Verständnis der Religion als einer Leistung des Menschen von größter Bedeutung ist, ist der Hang zur Ordnung[4]. In einer Analyse der verschiedenen menschlichen Ordnungskonzeptionen sagt Eric Voegelin am Anfang von *Order and History:* „Die Ordnung der Geschichte entspringt aus der Geschichte der Ordnung. Jeder Gesellschaft ist aufgetragen, unter ihren konkreten Bedingungen eine Ordnung zu schaffen, welche die Tatsache ihres Vorhandenseins vor Gott und den Menschen mit Sinn versieht."[5] Jede Gesellschaft ist eine Ordnung, eine schützende Sinnstruktur im Angesichte des Chaos. Das Leben von Einzelnen und von Gruppen ist innerhalb dieser Ordnung sinnhaft. Außerhalb, ihrer Ordnung beraubt, stehen Einzelne und Gruppen dem Urschrecken gegenüber, dem Schrecken des Chaos, ein Zustand, den Durkheim „Anomie" – wörtlich: Ordnungslosigkeit bzw. Gesetzlosigkeit – genannt hat.

Jahrtausendelang haben die Menschen geglaubt, ihre jeweilige Gesellschaftsordnung entspräche in irgendeiner Weise einer göttlichen Weltordnung, welche die menschlichen Ordnungsweisen stützt und zugleich rechtfertigt. Selbstverständlich kann nicht jede für wahr gehaltene Entsprechung der Wahrheit entsprechen, und die Geschichtsphilosophie kann sich, wie im Falle Voegelins, die Aufgabe stellen, nach dem Verhältnis von für wahr-gehaltener Ordnung – d.h. von menschlichen Ordnungsversuchen – zu

---

[4] S. besonders Kapitel 1 und 2 von Berger, *The Sacred Canopy,* loc. cit.
[5] Eric Voegelin, *Order and History,* Louisiana State University Press, Baton Rouge 1956, Bd. 1 (,Israel and Revelation'), S. IX.

„wahrer" Ordnung zu forschen. Aber man muß doch noch ein grundsätzliches Element in Betracht ziehen, das über und oberhalb der Rechtfertigung von Menschen geschaffener durch „wahre" Ordnung steht. Das ist der Glaube an Ordnung als solche, ein Glaube, der dem fundamentalen Wirklichkeitsvertrauen des Menschen eng benachbart ist. Dieser Glaube wird nicht nur in der Geschichte von Gesellschaften und Kulturen evident, sondern jeder einzelne Mensch erlebt ihn unmittelbar in seinem eigenen Leben. Wir wissen aus der Kinderpsychologie, daß ohne Zutun dieses Glaubens am Anfang des Sozialisationsprozesses keine Reifung möglich ist. Der menschliche Drang nach Ordnung gründet sich auf das Vertrauen oder den Glauben, daß die Wirklichkeit letztlich „in Ordnung", „schon recht", „so wie es sein soll" ist. Eine empirische Methode, dieses Urvertrauen etwa zu testen, gibt es verständlicherweise nicht. Auf seinem Vorhandensein zu bestehen, es als erwachsener Mensch zu behaupten, ist allein schon ein Glaubensakt. Aber es ist eben möglich, vom einfachen, in der empirischen Sphäre ruhenden Vertrauen den Schritt zum Glaubensakt zu machen, einem Akt, der die empirische Sphäre transzendiert. Aus diesem Vorgang kann man das „Argument der Ordnung" ableiten.

Jede ordnende oder Ordnung heischende Geste – das englische Wort „order" umfaßt bezeichnenderweise beides – ist in diesem fundamentalen Sinne ein Zeichen der Transzendenz. Das gilt gewiß für die großen Gesten des Ordnens, die Mircea Eliade „Nominalisierungen" nennt, etwa die archaischen Bräuche, welche die feierliche Besitzergreifung eines Territoriums durch eine Gesellschaft begleiteten, oder in unserer wie in früheren Kulturen das Zeremoniell der Hochzeit, durch das zwei Personen einen neuen Hausstand begründen. Aber man braucht sich gar nicht auf zeremonielle Gesten zu stützen; es genügen normale, ganz alltägliche Vorgänge. Man denke nur an die wohl fundamentalste aller Ordnung stiftenden Gesten – die der ihr ängstliches Kind beruhigenden Mutter.

Das Kind erwacht – vielleicht aus schweren Träumen – und findet sich allein, von nächtlicher Dunkelheit umgeben, namenloser Angst ausgeliefert. Die vertrauten Umrisse der Wirklichkeit sind verwischt, ja unsichtbar. Chaos will hereinbrechen. Das Kind schreit nach der Mutter. In einem solchen Augenblick ist der Ruf nach der Mutter, ohne Übertreibung, der Ruf nach einer Hohepriesterin der Ordnung. Die Mutter – und vielleicht nur sie – hat die Macht, das Chaos zu bannen und die Welt in ihrer Wohlgestalt wiederherzustellen. Genau das tut eine Mutter. Sie nimmt das Kind in den Arm und wiegt es in der zeitlosen Gebärde der *magna mater*, die unsere Madonna geworden ist. Sie zündet ein Licht an, und warmer, Sicherheit verheißender Schein umgibt sie und ihr Kind. Sie spricht zu ihrem Kind, sie singt ihm ein Schlummerlied. Und der Grundtenor ist auf der ganzen Welt immer und immer derselbe: „Hab' keine Angst"; „alles ist in Ordnung"; „alles ist wieder gut". Das Kind schluchzt vielleicht noch ein paarmal auf und gibt sich allmählich zufrieden. Sein Vertrauen zur Wirklichkeit ist zurückgewonnen, und in diesem Vertrauen kann es wieder einschlafen.

Dergleichen gehört zur Routine des Alltags und bedarf natürlich keiner artikulierten religiösen Grundlage. Aber gerade daß es so gewöhnlich ist, wirft die keineswegs gewöhnliche Frage auf – eine Frage die unmittelbar in eine religiöse Dimension reicht: *Belügt die Mutter das Kind?* Nur wenn ein religiöses Verständnis des menschlichen Daseins Wahrheit enthält, kann die Antwort aus vollem Herzen „Nein" lauten. Ist dagegen umgekehrt das „Natürliche" die einzige Wirklichkeit, so lügt die Mutter. Sie lügt zwar aus Liebe, und deshalb lügt sie auch wieder nicht. Nimmt man sie jedoch statt bei der Liebe beim Worte und analysiert es radikal, so ist, was sie sagt, eine Lüge. Warum? *Weil der Trost, den sie gibt, über sie und ihr Kind, über die Zufälligkeit der Personen und der Situation hinausreicht und eine Behauptung über Wirklichkeit als solche enthält.*

Elternwerden heißt die Rolle von Welterbauern und Weltschützern annehmen. Ganz offen tritt das darin zutage, daß die Eltern jene Umgebung schaffen, in der die Sozialisation des Kindes stattfindet. Insofern sind sie für ihr Kind die Vermittler der Gesellschaft, zu der es gehört. Welterbauer und Weltschützer sind sie jedoch auch in einem noch tieferen Sinne, der sich in der soeben beschriebenen Szene so einfach wie geheimnisvoll zu erkennen gibt. Die Rolle, die Eltern ihrem Kinde gegenüber annehmen, ist die von Repräsentanten nicht nur irgendeiner Gesellschaftsordnung, sondern von Ordnung als solcher, jener Grundordnung (oder Regel) der Welt (oder des Universums), daß unser Vertrauen einen Sinn hat (oder sinnhaft ist). Diese Rolle ist es, die Eltern zu Hohepriestern macht. Die Mutter in unserer Szene spielt diese Rolle, einerlei ob sie ihrer gewahr ist (wahrscheinlich ist sie es nicht), ohne daß sie weiß, daß und was sie repräsentiert. *„Alles* ist in Ordnung"; *„alles* ist wieder gut" – das ist die Grundformel mütterlichen, elterlichen Trostes. Nicht nur diese *eine* Angst, dieser *eine* Schmerz – nein, *alles* ist in Ordnung. Man kann die Formel, ohne sie in irgendeiner Weise anzutasten, in eine kosmische Aussage übersetzen: „Vertraue dem Sein." Genau das ist das Eigentliche, das der Formel innewohnt. Wenn wir den Kinderpsychologen Glauben schenken (und in diesem Falle haben wir besonderen Anlaß, es zu tun), so handelt es sich bei unserer Szene und ihrer tieferen Bedeutung um eine Erfahrung, die für den Prozeß der Personwerdung absolut unerläßlich ist. Anders ausgedrückt: im Mittelpunkt der Menschwerdung, im innersten Kern der Humanitas steckt ein Erlebnis des Vertrauens in die Wirklichkeit der Ordnung bzw. die Ordnung der Wirklichkeit. Ist dieses Erlebnis eine Täuschung? Ist die Person, die es verkörpert, ein Lügner?

Wenn Wirklichkeit sich völlig mit der „natürlichen" Wirklichkeit, die unsere praktische Vernunft fassen kann, deckt, dann *ist* dieses Erlebnis eine Täuschung. Und die Rolle, in der es sich verkörpert, *ist* eine Lüge. Denn dann ist völlig selbstverständlich, daß *nicht* alles in Ordnung, daß *nicht* alles wieder gut ist. Die Welt, der zu trauen dem Kinde anempfohlen wird, ist eben die Welt, in der es sterben wird. Wenn es keine andere Welt geben sollte, so ist die letzte Wahrheit *dieser* Welt, daß sie Mutter und Kind tötet.

Zwar täte das der Gegenwart der Liebe und der Kraft ihrer Trö-
stungen keinerlei Abbruch. Ja, es gäbe ihr sogar einen tragisch-he-
roischen Hintergrund. Dennoch wäre am Ende nicht Liebe,
sondern Grauen, nicht Licht, sondern Finsternis die Wahrheit.
Der Nachtmahr des Chaos, nicht die vergängliche Sicherheit der
Ordnung, wäre die endgültige Wirklichkeit des Menschen. Denn
zum Schluß gingen wir dann alle ein in die Finsternis, allein mit
der Nacht, die uns verschlingt und vernichtet. Das Antlitz trö-
stender Liebe, das sich über uns beugte, als wir uns fürchteten,
wäre nichts als eine gnädige Täuschung gewesen. Wäre es so, so
hätte Freud das letzte Wort: Religion ist nach ihm die kindliche
Auffassung, daß die Eltern zu unserem Wohle die Welt für uns
lenken. Von diesem Rest aus der Kindheit muß der gereifte
Mensch sich lösen können, um das Höchstmaß an stoischem
Gleichmut zu gewinnen, dessen er fähig ist.

Meine Überlegungen sind natürlich nicht moralisch gemeint.
Wenn die Rolle der Mutter als Welterbauerin nur eine Scharade
ist, so ist darum nicht die Mutter zu verurteilen. Ich bestreite
auch Atheisten nicht das Recht, Eltern zu werden (interessanter-
weise hat es übrigens Atheisten gegeben, die aus solchen Gründen
nicht Eltern werden wollten). Das Argument der Ordnung ist eher
ein metaphysisches als ein ethisches. Noch einmal: die ganz offen-
bare Neigung des Menschen, Wirklichkeit zu ordnen, geht zusammen mit einem Impuls, die Reichweite seines Ordnens ins
Kosmische zu erstrecken. Dieser Impuls impliziert nicht nur, daß
menschliche Ordnung in irgendeiner Weise einer anderen, welche über sie hinausgeht, sie transzendiert, entspricht, sondern
auch, daß diese transzendente Ordnung so beschaffen sein muß,
daß der Mensch sich selbst und seiner Bestimmung für diese Ordnung über allen Ordnungen vertrauen kann. Eine solche Grund-
konzeption von Ordnung kommt in vielen menschlichen Rollen
zum Ausdruck. Fundamental aber ist die elterliche. Alle Eltern
(mindestens wenn sie ihr Kind lieben) repräsentieren ein Weltgan-
zes, das auf seinem tiefsten Grunde geordnet und vertrauenswür-
dig ist. Diese Repräsentantenrolle der Eltern läßt sich überhaupt

nur innerhalb eines religiösen (genauer gesagt: eines übernatürlichen) Bezugsrahmens rechtfertigen. Nur in einem solchen ist die natürliche Welt, in die wir hineingeboren werden, in der wir lieben und sterben, nicht die einzige, sondern der sichtbare Vordergrund einer anderen, in der Liebe nicht durch Tod zunichte wird und in der das Vertrauen in die Mächtigkeit der Liebe, Chaos zu bannen, seine Rechtfertigung findet. Der Hang des Menschen zu ordnen impliziert also eine transzendente Ordnung, und jede Geste des Ordnens ist ein Zeichen, gegeben in die und aus der Transzendenz. Elterlicher Liebe liegt nicht Lüge aus Liebe zugrunde. Sie legt im Gegenteil Zeugnis von der wahren Position des Menschen in seiner Wirklichkeit ab. So kann man durchaus (wenn man will, sogar auf Freud gestützt) Religion als kosmische Spiegelung kindlicher Erfahrung der schützend ordnenden elterlichen Liebe ansehen. Was sich da aber spiegelt, ist selbst ein Zurückgestrahltes, eine Imitatio der absoluten Wirklichkeit. Religion ist demnach nicht nur eine Projektion menschlicher Ordnung (vom Standpunkt der praktischen Vernunft her), sondern auch (vom Standpunkt eines Glaubens, den man *induktiv* nennen kann) die absolut wahre Bestätigung menschlicher Ordnung.

Da der Ausdruck „induktiver Glaube" immer wieder vorkommen wird, möchte ich ihn erläutern. Induktion nenne ich jeden Denkvorgang, der bei der Erfahrung ansetzt. Der umgekehrte Vorgang ist Deduktion. Unter „induktivem Glauben" verstehe ich also einen Denkvorgang auf religiösem Gebiet, der bei Fakten der menschlichen Erfahrung beginnt. Umgekehrt geht deduktiver Glaube von Annahmen (die sich bezeichnenderweise auf göttliche Offenbarung berufen) aus, welche mit Hilfe der Erfahrung nicht nachgeprüft werden können. Einfach gesagt: induktiver Glaube bewegt sich von der Empirie hin zu Aussagen über Gott, deduktiver Glaube dagegen kommt von Aussagen über Gott her zu Interpretationen der empirischen Wirklichkeit.

Eng verwandt mit den bisherigen Überlegungen, wenngleich von ihnen verschieden, ist, was ich *das Argument des Spiels* nenne. Auch hier haben wir es, wie Huizinga bewiesen hat, mit einem menschlichen Grundelement zu tun[6]. Nahezu in jedem Kulturbereich bzw. Bereich der Kultur finden sich Spielelemente. Das geht so weit, daß man ruhig sagen kann, ohne die Dimension des Spiels ist Kultur überhaupt unmöglich. Ein Aspekt des Spiels – Huizinga geht ausführlich auf ihn ein – ist die Tatsache, daß Spiel eine eigene Sinnwelt herstellt, mit eigenen Regeln, die dauerhaft sind, solange es „dauert", und die die Regeln der „ernsten" Welt außer Kraft setzen. Zum Wichtigsten, was auf diese Weise suspendiert wird, gehört die Zeitstruktur des gewöhnlichen Lebens in der Gesellschaft. „Spielend" ist man beim Spiel in einer anderen Zeit, die ihr Maß nicht mehr von der Schabloneeinheiten der umgebenden Gesellschaft, sondern von den höchst eigenartigen des jeweils gespielten Spiels ableitet. In der „ernsten" Welt ist es elf Uhr vormittags an dem und dem Tag in dem oder jenem Monat und Jahr. In der Sinnwelt des Spiels ist es jedoch die dritte Runde, der vierte Akt, das Allegro non troppo oder der zweite Kuß,. Im Spiel steigt man aus einer Zeit und begibt sich in eine andere[7].

Das gilt grundsätzlich für jedes Spiel. Es ist immer eine Enklave in der „ernsten" Alltagswelt der Gesellschaft. Und so ist es denn auch immer eine Enklave in deren Zeitrechnung. Auch für Spiel, das Schmerz statt Freude hervorruft, trifft das zu. Es ist elf Uhr vormittags, in der Sinnwelt des Schergen aber ist es Daumenschraubenzeit. Dennoch aber ist Spiel wesentlich und fast durchgängig eine freudige Tätigkeit. Ja, wir neigen sogar dazu, Spiel, das keinen Spaß macht, in Leid umschlägt oder zur Routine wird, als Perversion des eigentlichen Wesens des Spiels anzusehen. Die Intention des Spiels ist Freude. Wenn diese Intention im freudigen Spiel ihre Verwirklichung erreicht, ereignet sich etwas höchst Merkwürdiges. Die Zeitstruktur der Sinnwelt des Spiels gewinnt eine besondere Qualität: *sie wird Ewigkeit.* Zwar gilt das mehr oder weniger auch für jedes intensive Glücksempfinden, das nicht in eine eigene Sinnwelt des Spiels eingehüllt ist. Und genau das

---

[6] Johann Huizinga, *Homo ludens*, Rowohlt, Reinbek/Hamburg [7]1965.
[7] S. dazu Schütz, loc. cit.

meint wohl Nietzsche mit Zarathustras Lied von der Mitternacht: „Doch alle Lust will Ewigkeit –, – will tiefe, tiefe Ewigkeit!"[8] Diese Hinneigung wird jedoch am deutlichsten in der spielend erlebten Lust, eben weil die spielerische Sinnwelt eine Zeitdimension hat, die mehr als flüchtig ist und als Sonderstruktur wahrgenommen wird. Mit anderen Worten: es scheint so, als ob man bei der Lust des Spieles nicht nur von einer Zeitrechnung in eine andere, sondern von der Zeit in eine Ewigkeit überginge. Sogar wenn man sich der harten Wirklichkeit jener „ernsten" Zeit, in der man unweigerlich dem Tode entgegengeht, bewußt bleibt, erlebt man Freude als etwas, das, kaum begreiflich, ewige Freude ist. Freudiges Spiel scheint die Wirklichkeit unseres „Seins zum Tode" außer Kraft zu setzen bzw. mindestens auszuklammern.

Diese sonderbare Qualität des Spiels ist es, die begreiflich macht, warum es Befreiung und Frieden vermittelt. Das Außerkrafttreten der „ernsten" Wirklichkeit ist in der frühen Kindheit selbstverständlich ein unbewußter Vorgang, weil noch kein Wissen vom Tode vorhanden ist. Später im Leben bringt uns das Spiel eine beglückende Wiederkehr der Kindheit. Wenn Erwachsene mit ursprünglicher Spielfreude spielen, gewinnen sie die Todesfreiheit der Kindheit für eine Weile zurück. Das zeigt sich am deutlichsten, wenn man im Angesicht von Leiden und Tod spielt. Wir sind ergriffen, wenn in einer bombardierten Stadt musiziert wird, wenn ein Mann auf dem Totenbett Gleichungen mit zwei Unbekannten löst. In einer Predigt am Anfang des Zweiten Weltkriegs hat C. S. Lewis dem beredten Ausdruck gegeben: „Die Menschen haben immer am Rande eines Abgrundes gespielt … In belagerten Städten brüten sie über mathematischen Formeln, in der Todeszelle spielen sie mit metaphysischen Denkmodellen. Sie stiegen mit einem letzten Scherz aufs Schafott. Beim Sturm auf Quebec haben sie über das neueste lyrische Gedicht diskutiert und noch in den Thermopylen ihr Haar gekämmt. Das ist kein

---

[8] Friedrich Nietzsche, *Also sprach Zarathustra,* Kröner, Stuttgart [17]1969, S. 359.

Zwang, den sie sich auferlegen, kein fremdartiger Schmuck: es ist unsere Natur."[9] Ja, das ist unsere Natur, weil, wie Huizinga sagt, der Mensch im tiefsten Grunde *Homo ludens* ist. Diese seine Grundverfassung als *Homo ludens* macht es ihm möglich, selbst in den Thermopylen die todesfreie Kindheit wiederzugewinnen und ekstatisch zu verwirklichen.

Ein paar kleine Mädchen im Park haben ihre unsterblichen „Kreidekreise" aufs Pflaster gezeichnet und hüpfen von Kästchen zu Kästchen den ausgeworfenen Steinen nach. Sie sind ganz versunken, abgeschlossen von aller Welt und glücklich in ihrer Hingenommenheit. Die Zeit steht still für sie – oder, genauer gesagt, ist mit den Steinen zusammengefallen. Sie ist der Verlauf des Spiels, und Außenwelt und Außenzeit haben unterdessen aufgehört zu sein. Implizit – denn die kleinen Mädchen sind sich dessen ja nicht bewußt – haben auch Schmerz und Tod, die der Außenwelt den Stempel aufdrücken, vor den kleinen Mädchen die Waffen gestreckt. Und sogar der Erwachsene, der vorübergeht und um Schmerz und Tod nur allzu genau Bescheid weiß, auch er ist für einen Augenblick betroffen und einbezogen in die glückliche Immunität des Spiels.

Explizit wird das Außerkrafttreten der Zeit und der „ernsten" Welt, in der Menschen leiden und sterben, wenn Erwachsene – wenigstens bei besonderen Anlässen – spielen. 1945, kurz bevor die russischen Truppen in Wien einmarschierten, gaben die Wiener Philharmoniker ein Abonnementkonzert. Unweit tobte der Kampf, und die Konzertgänger konnten Kanonendonner hören. Wenn ich nicht irre, unterbrach die Eroberung der Stadt den Konzertplan für eine Woche. Dann lief er weiter, wie vorgesehen, ab. In der Sinnwelt dieses besonderen Spiels waren die welterschütternden Ereignisse der Invasion, der apokalyptische Untergang eines Reiches und das nicht minder grausige Emporkommen eines anderen eine kurze Programmunterbrechung. Ist das ein Fall von

---

[9] C. S. Lewis, *The Weight of Glory*, Eerdmans, Grand Rapids, Mich. 1965, S. 44f..

Hartherzigkeit oder Gleichgültigkeit allem damit einhergehenden Leid gegenüber? Vielleicht bei ein paar einzelnen. Als Ganzes ist es jedoch eher ein Triumph der menschlichen Gesten schöpferischer Schönheit über Gesten der Zerstörung, ja über die Grausamkeit von Krieg und Tod.

Das Argument des Spiels ist in seiner Schlüssigkeit dem der Ordnung ähnlich. Auch das Erlebnis der Spielfreude verbirgt sich nicht in mystischen Randzonen des Daseins. Es gehört ganz konkret zur gewöhnlichen Alltagswelt. In deren erlebter Wirklichkeit ist es jedoch wie ein Signal, ein Zeichen der Transzendenz. Denn seine eigentliche Intention weist über es selbst und über die „Natur" des Menschen hinaus auf deren „übernatürliche" Rechtfertigung. Daß diese wiederum empirisch nicht nachprüfbar ist, versteht sich von selbst. Ja, das Erlebnis als solches wäre sogar durchaus als gnädige Täuschung plausibel, als Rückkehr zur Kindheit im Sinne von Freud. Die religiöse Rechtfertigung verlangt wiederum einen Glaubensakt. Nur ist der Glaube auch in diesem Falle induktiv. Er gründet sich nicht auf ein geheimnisvoll Offenbartes, sondern auf etwas, das wir täglich erfahren können. Die Todesfreiheit der Kindheit haben alle Menschen erlebt, und es ist anzunehmen, daß auch alle dann und wann das *transcendere* der Freude erfahren. Vom induktiven Glauben aus erlebt, ist Religion die absolute Bestätigung der Kindheit und der Freude sowie aller jener menschlichen Gebärden, die sie zurückbringen.

Eine spezifisch menschliche Fähigkeit ist auch die Hoffnung. Induktiver Glaube kann sich in derselben Weise auf das *Argument der Hoffnung* stützen wie auf das der Ordnung und das des Spiels. Gabriel Marcel (als christlicher Existentialist) und Ernst Bloch (als Marxist) räumen der Hoffnung einen zentralen Platz in ihrer Philosophie ein. Auch eine Anzahl moderner Theologen haben, auf Bloch sich berufend, gerade dieses Thema im Dialog mit dem Marxismus aufgegriffen [10].

---

[10] Von katholischer Seite besonders Karl Rahner, von protestantischer besonders Jürgen Moltmann und Wolfhart Pannenberg.

Bloch sagt, man könne den Menschen nur begreifen, wenn man seinen unbändigen Hang, auf Zukunft zu hoffen, als zentrales „Prinzip" erkennt. Für den Marxisten Bloch führt ein direkter Weg vom Prinzip Hoffnung zur revolutionären Hoffnung, die Welt um des Menschen willen verändern zu können. Mehr oder weniger in seiner Nachfolge haben verschiedene Theologen darauf hingewiesen, daß das Prinzip Hoffnung auch der Kern des Christentums sei. Daher brauchten Christen nicht anti-revolutionär zu sein. Wir können uns auf diese innertheologischen Debatten hier nicht einlassen. Betont sei jedoch, daß das Argument der Hoffnung zwar nicht im Widerspruch zu einer Theologie dieser Observanz steht, ihr aber auch nicht verpflichtet ist[11].

Menschliches Sein hat immer die Zukunft im Blick. Der Mensch lebt, denkend und handelnd, indem er sein Sein ständig in die Zukunft hinausdehnt. Anders ausgedrückt: er verwirklicht sich im Vor-Haben, und eine entscheidende Dimension dieser seiner „Zukünftigkeit" ist die Hoffnung. Schwierigkeiten des jeweils gegebenen Hier und Jetzt können nur bezwungen werden, wenn und weil Menschen hoffen. Noch ihren Leiden gibt Hoffnung Sinn. Auch für die meisten Formen von Theodizee (nicht für alle) ist Hoffnung ein Hauptingrediens. Der jeweilige Inhalt wechselt natürlich. In der Frühgeschichte der Menschheit, solange der Be-

---

[11] Diese theologischen Richtungen sind nicht nur wegen der besonderen Bewertung des Elementes der Hoffnung so wichtig, sondern vor allem, weil sie die Möglichkeit eines anthropologischen Ansatzes ernst nehmen. Mir scheint allerdings die Beschränkung auf die Hoffnung als auf *das* entscheidende anthropologisch relevante Element für die Theologie unzureichend. Möglicherweise sind für diese Fixierung zwei Umstände ausschlaggebend gewesen – bei den Protestanten der Wunsch, der Neo-Orthodoxie gegenüber die empirische Historizität der christlichen Religion zu behaupten (wobei die Hoffnung als Weise der „Zukünftigkeit" des Menschen anzusehen ist), und bei Protestanten *und* Katholiken der Dialog mit dem Marxismus (wobei die christliche Hoffnung der marxistischen Eschatologie konfrontiert wird). Auch ich bin ein Gegner der neo-orthodoxen Einstellung zur empirischen Geschichte und ein Befürworter eines Dialogs mit dem Marxismus. Ich bestehe allerdings auf einem sehr viel breiteren anthropologischen Ansatz.

griff des Individuums und seiner Einzigartigkeit noch nicht ausgeprägt war, richtete Hoffnung sich immer auf Gruppenzukunft. Der einzelne mochte leiden, sterben, was ihm als Wichtigstes vorschwebte, mochte zunichte gehen. Aber die Gruppe (Clan, Stamm, Volk) mußte überleben und triumphieren. Theodizee gründet sich natürlich oft auf die Hoffnung, daß dem einzelnen ein Fortleben nach dem Tode beschieden sei, in dem die irdischen Leiden überwunden sind. Eine Theodizee der Hoffnung ist die längste Zeit der Menschheitsgeschichte hindurch religiös legitimiert gewesen. Innerweltliche Hoffnungsideologien (als wichtigste der Marxismus) kamen als Theodizee erst unter dem Anprall der Säkularisierung zur Geltung. Wie dem auch sei, am intensivsten hat Hoffnung sich immer in der Konfrontation mit Erlebnissen bewährt, die Niederlagen, vor allem die endgültige Niederlage des Sterbens, androhten. So manifestiert sie sich denn auch am stärksten in jenen Gesten, die dem Tode mutig Trotz bieten.

Mut kann natürlich jeder Mensch beweisen, der sich seiner Sache – gut, schlecht oder moralisch irrelevant – ganz verschreibt. Schließlich hat es sogar mutige Nazis gegeben. Der Mut, den ich jedoch meine, knüpft an Hoffnung als Kreativität, Gerechtigkeit, Mitleid an. Ich meine also Mut und Hoffnung, die von anderen Gebärden der Humanitas untrennbar sind. Ich denke an den Künstler, der, Armut und Krankheit trotzend, sein Werk um jeden Preis vollenden will, an den Mann, der das eigene Leben aufs Spiel setzt, um die Opfer der Unterdrückung zu retten, an den, der sein Eigeninteresse und seine Ruhe hintansetzt, um Bedrängten zu Hilfe zu kommen. Beispiele sind in diesem Falle überflüssig. Es genügt zu wissen, was ich mit dem Argument der Hoffnung meine.

Dabei handelt es sich also wieder um zwar nicht ganz alltägliche, aber doch um Phänomene der Alltagswirklichkeit – und zwar um solche, denen eine Geringschätzung, wenn nicht Negierung der Wirklichkeit des Todes innezuwohnen scheint. Auch diese Phänomene sind Zeichen der Transzendenz und verweisen auf ein religiöses Verständnis der Lage des Menschen. Wir wissen aus der Psychologie (die darin zweifellos exakt ist), daß wir unseren eigenen Tod zwar fürchten, ihn uns jedoch nicht wirklich vorstellen können. Unser innerstes Wesen schreckt davor zurück, sich ein genaues Bild zu machen. Selbst der kühle Theoretiker scheint von dieser Unfähigkeit mitbetroffen zu sein. Von hier aus – wenn auch nicht ausschließlich von hier aus – hat Sartre an Heideggers „Sein zum Tode" Kritik geübt und behauptet, daß der Mensch zu einer solchen Einstellung unfähig sei. Der einzige Tod, der erfahrbar ist, sagt Sartre, ist der Tod anderer, und selbst er entzieht sich noch weitgehend unserer Einbildungskraft. Dabei bestätigt sich unsere Abweisung des Todes im Angesichte des Todes anderer, besonders wenn wir sie lieben, am lautesten. In einem solchen Augenblick ruft alles, was wir sind, nach einer Hoffnung, die das empirische Faktum widerlegen könnte. So ist also offenbar ein „Nein" zum Tode sowohl psychisch (als Unfähigkeit, sich den eigenen Tod vorzustellen) als auch moralisch (als leidenschaftliche Abwehr des Todes anderer) tief im innersten Wesen des Menschen eingewurzelt.

Diese Abwehr äußert sich nicht nur bei Anlässen, die Jaspers „Grenzsituationen" nennt, schwerer Krankheit, Krieg, Naturkatastrophen, sozialen Krisen. Andererseits gibt es auch banale Hoffnungen: „Ich hoffe, wir haben gutes Wetter für unser Picknick." Aber jede Hoffnung, die die Person als Ganzes erfaßt, impliziert bereits die absolute Abwehr: „Ich hoffe, daß ich meine wissenschaftliche Arbeit so gut wie möglich mache", „Ich hoffe, daß meine Ehe zum Guten gerät", „Ich hoffe, ich halte durch, wenn ich gegen die Majorität auftrete." Das alles enthält, absolut genommen, den Willen, vor der Unvermeidlichkeit des Todes nicht zu kapitulieren. Schließlich weiß ich ja, daß ich, auch wenn ich noch so bescheidene Hoffnungen hege, sterben kann, ehe die Arbeit fertig ist. Ich weiß, daß die Frau, die ich heirate, ein tödliches Leiden haben kann. Und ich weiß, daß eine empörte Majorität dazu fähig ist, mir ans Leben zu wollen. Die der Hoffnung immanente Abwehr des Todes manifestiert sich natürlich am stärksten in Extremsituationen: „Ich hoffe, ich schaffe meine Arbeit, obwohl jeden Augenblick eine Bombe auf unser Haus fallen kann"; „Ich heirate diese Frau, obwohl mir der Arzt reinen Wein über ihren Zustand eingeschenkt hat"; „Ich sage mein Wort, obwohl ich weiß, daß meine Feinde mich umbringen wollen."

Wiederum lassen sich die psychischen wie die moralischen Aspekte auch im Rahmen der Vernunft erklären. Unsere Todesfurcht ist ein Instinkt und hat im Evolutionsprozeß möglicherweise eine Rolle beim Ausmachen von Überlebenschancen gespielt. Eine psychische Barriere vor dem Gedanken an den eigenen Tod könnte man als Kombination aus instinktiver Todesfurcht und dem menschlichen Wissen vom Tode erklären. Und die moralische Abwehr des Todes anderer kann man ganz ähnlich als eine „Rationalisierung" (im Sinne von Freud) vereinter instinktiver und psychischer Kräfte ansehen. In solcher Perspektive wäre die Leugnung des Todes, ja jede andere (religiöse oder weltliche) Manifestation von Hoffnung, der diese Lösung implizit ist, nur ein Symptom von „Infantilität". Das ist in der Tat die schwere Fracht der Freudschen Religionsanalyse. Dort ist das Gegenbild solcher „infantiler" Hoffnungen die „reife" Hinnahme dessen, was als das Ende aller Wirklichkeit gilt. Eine solche ihrem Wesen nach stoische Haltung hat Philipp Rieff im Falle Freuds „the ethic of honesty" – die Ethik der Redlichkeit – genannt [12]. Daß ein Stoizismus von solchen Graden den größten Respekt verdient und zum Großartigsten gehört, dessen der Mensch fähig ist, bedarf keiner Erwähnung. Freuds Gelassenheit angesichts der deutschen Barbarei und schließlich seiner eigenen Todeskrankheit ist ein Musterbeispiel für diese menschliche Möglichkeit.

Nichtsdestoweniger liegt den Zwillingsbegriffen „Infantilität" und „Reife" schon ein metaphysisches *Apriori* zugrunde, das nicht notwendigerweise aus den entsprechenden Fakten hervorgeht. Nicht einmal, wenn man von Freuds Interpretation der Herkunft unserer den Tod negierenden Hoffnung überzeugt ist (was

---

[12] Philipp Rieff, *Freud; The Mind of the Moralist,* Doubleday-Anchor, Garden City, N. Y., 1961, S. 329 ff.

ich nicht bin), muß man sich notwendigerweise in seinem Sinne entscheiden. Das „Nein" des Menschen zum Tode – ob als Grauen vor dem eigenen, als moralische Empörung beim Tode anderer oder als todesmutige Tat der Selbstverleugnung – scheint eines der konstituierenden Elemente seiner Existenz zu sein. Hoffnung, die den Tod negiert, gehört offenbar zum Kern unserer *Humanitas*. Die praktische Vernunft lehrt, daß solche Hoffnung eitel ist. Dennoch ist etwas in uns, das, wie immer verschüchtert in einem Zeitalter triumphierender Vernünftigkeit, nicht davon abläßt, „Nein" zu sagen – „Nein" noch zu den erleuchtetsten Erklärungen, die die Vernunft zu bieten hat.

In einer Welt, in der Tod den Menschen von allen Seiten umgibt, hält er daran fest, das Wesen zu sein, das „Nein" zum Tode sagt. Dieses „Nein" befähigt ihn, an eine andere Welt zu glauben, deren Wirklichkeit seine Hoffnung anders denn als Illusion bestätigen wird. Es hat etwas Verführerisches, hier so etwas wie eine Cartesianische Reduktion vorzunehmen und bei einer Urfaktizität des Bewußtseins anzulangen, das „Nein" zum Tode und „Ja" zur Hoffnung sagt. Jedenfalls verfolgt das Argument der Hoffnung die logische Richtung der Induktion von der empirischen Gegebenheit her. Es beginnt bei der Erfahrung, nimmt jedoch jene Inhalte des Erfahrbaren ernst, die über es hinausweisen – wiederum als Zeichen einer Transzendenz, einer übernatürlichen Wirklichkeit.

Induktiver Glaube verschließt sich der Allmacht des Todes (der Vergeblichkeit der Hoffnung also) nicht, aber er berücksichtigt auch jene Intentionen unserer „natürlichen" Erfahrung, die auf Hoffnung, auf „übernatürliche" Erfüllung hindeuten. Diese von mir vorgenommene Uminterpretation der Erfahrung schließt die verschiedenen „vernünftigen" Erklärungen (psychologischer, soziologischer oder welcher Herkunft auch immer) ein, statt ihnen zu widersprechen. Dadurch, daß Religion eine solche Uminterpretation rechtfertigt, ist sie, absolut genommen, die Rechtfertigung der Kindheit und der Freude. Gleichermaßen rechtfertigt sie auch alle jene Gesten menschlichen Handelns, die Hoffnung und Tod verkörpern – eingeschlossen, sofern gewisse humane Grundbedingungen erfüllt sind, die revolutionäre Hoffnung und, so unendlich ironisch ist die Erlösung, den Mut zu stoischer Resignation.

Nicht grundsätzlich, aber formal anders ist, was ich das *Argument der Verdammnis* nenne. Es handelt sich dabei um Erfahrungen, die unseren Sinn für das Menschenmögliche derartig überfordern, daß die einzige angemessene Reaktion nur ein Fluch von übernatürlichem Ausmaß sein kann. Ich wähle in diesem Falle absichtlich ein moralisches Negativ anstelle des Sinns für Gerechtigkeit, was auf den ersten Blick hätte überzeugender scheinen können. Dieser nämlich führt allzu leicht zu „Naturrechts"theorien, auf die hier einzugehen ich nicht beabsichtige. Es ist ja bekannt, daß die relativierenden Erkenntnisse der Geschichtswissenschaft und der Soziologie diesen Theorien hart zugesetzt haben. Zwar vermute ich, daß man dem begegnen könnte. Hier ist jedoch nicht der Ort, das auszuhandeln. Die negative Form des Arguments bringt die eigentliche Intention des Sinns für Gerechtigkeit nur noch schärfer heraus. Denn auch er ist – und gerade im Negativ – ein Zeichen der Transzendenz, die über und jenseits aller Relativität steht.

Die juristischen und moralischen Probleme, die anläßlich der Prozesse gegen Kriegsverbrecher diskutiert wurden und werden, sind für jeden denkenden Menschen, mindestens in der westlichen Welt, ein makabrer Anlaß, über dergleichen nachzudenken. Ich will hier weder die verzweifelte Frage stellen: „Wieso konnten Menschen überhaupt etwas so Unvorstellbares tun?" noch die praktische, ob und wie das Recht als Institution dem Bösen solcher Dimensionen überhaupt „gerecht" werden kann? In Amerika hat man beide Fragen anläßlich des Buches von Hannah Arendt *Eichmann in Jerusalem* eingehend und ergiebig diskutiert. Dem will ich hier nichts hinzufügen. Was mich beschäftigt, ist nicht die Frage, wie Eichmann erklärlich sei oder wie man hätte mit ihm verfahren sollen, sondern *das Wesen und die Intention unserer Verurteilung Eichmanns.* Denn hier liegt (wie Hannah Arendt besonders auf den letzten Seiten ihres Buches deutlich macht) ein

Fall vor, in dem Verdammung eine absolute, zwingende Notwendigkeit ist, ganz ungeachtet dessen, was man daran erklären oder welche praktischen Konsequenzen man ziehen kann. Die Weigerung, in diesem Falle zu verdammen, und zwar absolut, wäre nicht nur eine Prima-facie-Beweis für falsch verstandene Gerechtigkeit, sondern etwas viel Schlimmeres: eine verhängnisvolle Verletzung der *Humanitas*.

Es gibt Taten, die zum Himmel schreien. Sie sind nicht nur ein Greuel, sondern scheinen auch die *Conditio humana* überhaupt in Frage zu stellen. Sie sind nicht nur böse, sondern schlechthin monströs. Das Monsterhafte an ihnen zwingt sogar Relativierer aus Veranlagung oder Beruf, vom Relativieren abzusehen. Zu wissen, daß jede Moral ein sozio-historisches Gebilde ist, das sich relativ zu Zeit und Ort verhält, ist eine Sache. Eine ganz andere wäre jedoch, deshalb Eichmanns Taten in wissenschaftlicher Kühle als einen Fall von relativer Moral und damit, angeekelt, als Geschmacksfrage abzutun. Natürlich kann man – und zu gewissen Zwecken sollte das auch geschehen – selbst diesen Fall wissenschaftlich analysieren. Aber es ist doch offenbar unmöglich, ihn danach auf sich beruhen zu lassen. Es scheint nicht möglich zu sein, sich mit Überlegungen zu begnügen wie den folgenden: Freilich, es ist scheußlich, entsetzlich, grauenhaft. Aber wir sind nun einmal so erzogen, daß wir das so empfinden. Wir sind in gewisse Wertvorstellungen hineinsozialisiert worden. Wir würden anders reagieren, wenn wir anders sozialisiert oder, wie Eichmann, *um*sozialisiert worden wären. *Als wissenschaftliche Aussage* ist dergleichen zwar zulässig. Nur ist der gesamte relativierende Bezugsrahmen der Wissenschaft einem solchen Phänomen gegenüber inadäquat, sobald das letzte Wort gesprochen werden soll. Wir sind hier nicht nur aufgerufen, endgültig zu verurteilen, sondern auch, wenn wir in eine solche Lage versetzt würden, auf der Grundlage unserer Gewißheit zur Aktion zu schreiten. Der moralische Imperativ, ein Kind vor einem Mörder zu retten, erweist sich gegen relativierende Analysen als merkwürdig immun. Selbst wenn man ihm aus Feigheit oder Berechnung nicht folgt, kann man ihn offenbar nicht bestreiten. Einen solchen Imperativ zu bestreiten, scheint uns unmöglich.

Mit der Frage nach dieser „Unmöglichkeit" stoßen wir wieder auf ein Zeichen der Transzendenz. Kindermord ist zweifelsohne theoretisch und praktisch „möglich". Ungezählte Massaker, deren Kunde bis zum Morgengrauen der Geschichte zurückreicht, bezeugen das. Die ihn begehen und begangen haben, sind oder waren auch immer mit Rechtfertigungen, wie abstoßend sie auch klingen mögen, bei der Hand. Weiter stehen dem Betrachter von außen viele Erklärungsmöglichkeiten zur Verfügung. Keine „Möglichkeit" stößt jedoch die fundamentale „Unmöglichkeit" um, die wir, wenn alles gesagt ist, was zu sagen war, nach wie vor als fundamentale Wahrheit empfinden. Das Element der Transzendenz manifestiert sich hier in zwei Stufen. Erstens ist unser Urteilsspruch absolut und gewiß. Er läßt weder Zweifel noch Modifikation zu. Wir haben in der Überzeugung verurteilt, daß unser Urteil für alle Zeiten und Menschen und für jeden „möglichen" bzw. „unmöglichen" Täter gültig ist. Mit anderen Worten: wir haben unserem Urteil den Status einer zwingenden und allgemeinen Wahrheit gegeben. Diese Wahrheit kann nun, obzwar sie in der Situation des Menschen empirisch gegeben ist, nicht empirisch als zwingend und universal belegt werden, was die soziologische Analyse besser als jede andere beweist. Wir stehen damit also vor einer ganz einfachen Alternative: Entweder wir bestreiten, daß hier überhaupt etwas vorliegt, was man Wahrheit nennen kann, eine Entscheidung, die unser innerstes Wahrheitsempfinden verleugnen würde – oder wir gehen über den Bereich unserer „natürlichen" Erfahrung hinaus und suchen dort nach einer Bestätigung für unsere Gewißheit. Zweitens scheint der Urteilsspruch seine eigentliche Intention in den „Möglichkeiten" dieser Welt allein nicht zu erreichen. Taten, die zum Himmel schreien, schreien auch nach der Hölle. Dieser Punkt ist in den Debatten über Eichmanns Hinrichtung gründlich abgehandelt worden. Auch wenn man sich auf die Frage, ob es legal oder klug war, ihn hinzurichten, gar nicht einläßt, kann man mit Sicherheit sagen, das allgemeine Gefühl war: „Hängen ist in diesem Falle nicht genug." Was aber wäre „genug" gewesen? Wenn Eichmann langsam und grausam zu Tode gequält worden wäre, wäre denn das „genug"? Eine negative Antwort scheint unvermeidlich. Keine Strafe von Menschenhand ist für solche monströsen Taten „genug". Die monströse Tat heischt nicht nur nach Verurteilung, sondern nach *Verdammung* – und zwar in der ganzen religiösen Befrachtung des Wortes. Das heißt: der Täter hat sich nicht nur aus der Gemeinschaft der Menschen ausgeschlossen. Er hat sich auch endgültig von einer moralischen Ordnung abgesondert, die diese Gemeinschaft der Menschen transzendiert. Damit hat er mehr als menschliche Vergeltung heraufbeschworen.

Wenn man menschliche Gesten als antizipierte Erlösung ansehen kann, so sind andere Antizipationen der Hölle, wobei Hölle nicht mehr und nicht weniger bedeutet als den Zustand der Verdammnis, hic et nunc und jenseits der Grenzen dieses Lebens und dieser Welt.

Wir haben die zeitlose Gebärde der Mutter, die ihr Kind schützend im Arm hält, als Zeichen der Transzendenz bewertet. Vor ein paar Jahren ging ein Bild durch die Presse, das die typische Gegengebärde zeigt. Irgend jemand hat es irgendwo in Osteuropa bei einer Exekution von Juden, Russen, Polen ... aufgenommen, niemand scheint das mehr genau zu wissen. Man sieht eine Frau, die ihr Kind mit der einen Hand hält und mit der anderen sein Gesicht an ihre Schulter drückt. Ein paar Schritte davon steht ein deutscher Soldat mit erhobenem Gewehr und zielt auf Mutter und Kind. Zwei Bilder aus dem Vietnam-Krieg stellen die beiden Komponenten jenes Paradigmas der Hölle in säuberlicher Trennung dar. Legt man sie nebeneinander, so sind sie eine Lehre dafür, daß Verdammnis sich nur selten an die von Menschen gezogenen politischen Grenzen hält. Eines von beiden, ein Ausschnitt aus einem Verhör von „Vietcong-Verdächtigen", zeigt einen amerikanischen Soldaten, der sein Gewehr auf eine Frau unbestimmten Alters richtet, deren Gesicht von Angst gezeichnet ist. Ob das Gewehr abgefeuert worden ist oder nicht, die Geste des

Soldaten impliziert die Möglichkeit. Das zweite stammt aus der Tet-Offensive des Vietcong Anfang 1968. Die Familien südvietnamesischer Offiziere sind in einer militärischen Unterkunft vom Vietcong ermordet worden. Ein Offizier hält seine tote Tochter in den Armen. Sein Gesichtsausdruck entspricht genau demjenigen der Frau. Nur der Mann mit dem Gewehr hat sein Werk getan und ist nicht mehr zu sehen.

Ich glaube, daß Geste und Gegengeste jede auf ihre Weise auf Transzendenz verweisen. Vom induktiven Glauben her sieht man hinter beiden einen religiösen Horizont des Lebens. Religion bestätigt die Gebärde des Schutzes und Trostes noch im Angesicht des eigenen Todes. Aber sie bestätigt auch die Verdammnis der unmenschlichen Gegengeste, denn nur in ihrem Sinnzusammenhang ist Verdammnis möglich. Hoffnung und Verdammnis sind zwei entgegengesetzte Aspekte derselben übergreifenden Rechtfertigung der Religion. Ich glaube, die Zweiheit dabei ist wichtig. Religiöse Hoffnung birgt eine Theodizee und daher die Verheißung des Trostes für die Opfer der Unmenschlichkeit in sich. Aber ebenso wichtig ist, daß sie dem Frevler Verdammnis androht. Das Massaker der Unschuld (und schrecklicherweise ist das die gesamte Geschichte) scheint Gottes Gerechtigkeit und Allmacht in Frage zu stellen. Aber dagegen steht, daß es die Notwendigkeit der Hölle bestätigt – nicht so sehr um Gottes als um unseretwillen.

Schließlich und endlich ist da noch das *Argument des Humors* [13]. Über das Phänomen als solches ist viel geschrieben worden – sogar in humoriger Weise. Die beiden heute bekanntesten Theorien sind die von Bergson und Freud [14]. Beide verstehen Hu-

---

[13] Eine frühere Formulierung dieser Argumentation findet sich in Berger, *The Precarious Vision*, loc. cit., S. 209 ff. Ich habe meine Auffassung in diesem Punkte seither nicht geändert. Das hier Gesagte ist im wesentlichen eine Wiederholung.

[14] Sigmund Freud, *Der Witz und seine Beziehung zum Unbewußten*, Wien 1905; *Gesammelte Werke*, Bd. VI, S. Fischer, Frankfurt am Main ³1961. Ta-

mor als Möglichkeit, eine fundamentale Diskrepanz zu begreifen. Bei Freud ist es die zwischen Libido und Über-Ich, bei Bergson die zwischen dem lebendigen Organismus und der mechanischen Welt. Ich habe beiden Theorien gegenüber Vorbehalte, gebe aber bereitwillig ein Gemeinsames zu: daß das Komische (das Objekt jeder humorigen Vorstellung) fundamental Diskrepanz, Inkongruenz, Inkommensurabilität ist. Daraus ergibt sich eine Frage, die Freud seiner psychologischen Perspektive wegen nicht stellt und die Bergson meiner Meinung nach unbefriedigend beantwortet. Es ist die Frage nach dem Wesen der beiden Wirklichkeiten, die sich zueinander diskrepant verhalten bzw. inkongruent sind.

Ich stimme mit Bergson überein, wenn er sagt: „Unverwechselbar komisch ist eine Situation dann, wenn sie zu zwei gänzlich voneinander unabhängigen Folgen von Vorkommnissen gehört und die Möglichkeit bietet, sich gleichzeitig auf zweierlei gänzlich verschiedene Weise erklären zu lassen."[15] Aber ich bestehe darauf, daß diese komische Qualität sich immer auf *menschliche* Situationen, nicht aber auf das Aneinandergeraten von Organischem und Anorganischem bezieht. Das Biologische als solches ist nicht komisch. Tiere werden erst komisch, wenn wir sie anthropomorph sehen, d. h. ihnen menschliche Züge unterschieben. In der Sphäre des Menschen kann nahezu jede Diskrepanz komisch wirken. Diskrepanz ist der Stoff, aus dem Witze gemacht werden, und „gänzlich verschiedene Bedeutung" enthüllt sich häufig überhaupt nur als Komik: Der winzige Jude mißt sich mit dem riesigen Neger. Die Maus flirtet mit dem Elefanten. Der Philosoph verliert die Hose. Aber ich möchte über solche vergleichsweise simplen Diskrepanzen hinausgehen. Ich bin der Meinung, daß es eine Grunddiskrepanz gibt, von der sich alle anderen ableiten lassen: die zwischen dem Menschen und dem Universum. *Diese* Diskre-

schenbuchausgabe: Fischer Bücherei, Frankfurt am Main 1958. Henri Bergson, *Das Lachen*, Diederichs, Jena 1914, ²1948.
[15] Bergson, loc. cit., S. 37.

panz erst macht das Komische zu einem spezifisch menschlichen Phänomen und den Humor zu einem Wesenszug des Menschen. *Das Komische ist eine Spiegelung der Gefangenschaft des Geistes in der Welt.* Das ist der Grund dafür – darauf wird seit der Antike immer hingewiesen –, daß Tragödie und Komödie im Ursprung verwandt sind. Beide sind kritische Kommentare zur Endlichkeit des Menschen – existentialistisch ausgedrückt, zu seiner „Geworfenheit". Wenn das so ist, dann ist das Komische eine objektive Dimension der Wirklichkeit des Menschen, nicht nur eine subjektive oder psychische Reaktion auf diese Wirklichkeit. Eines der bewegendsten Zeugnisse dafür gibt David Rousset in einem Bericht aus einem deutschen Konzentrationslager. Er sagt, eine unvergängliche Lehre aus dieser Zeit sei für ihn die Erkenntnis gewesen, daß das Komische sich als eine objektive Faktizität erwiesen habe – als ein Faktum, das sich selbst an einem solchen Ort behaupten konnte und erlebt wurde, so furchtbar das Grauen und die Angst der Erlebenden auch waren.

Man sollte aber noch einen weiteren Punkt sehen: Humor erkennt nicht nur die komischen Diskrepanzen in der Welt des Menschen, er relativiert sie auch und macht damit durchsichtig, daß auch die tragischen relativierbar sind. Mindestens für die Dauer komischen Erlebens ist die Tragödie außer Gefecht gesetzt. Wenn der Humor uns über die Gefangenschaft des Geistes lachen macht, so steckt darin deren Endlichkeit, die Möglichkeit, sie zu überwinden. Damit ist auch der Humor ein Zeichen der Transzendenz – und zwar als antizipatorische Imitatio der Erlösung. Wie die Kindheit und das Spiel ist er letzten Endes eine religiöse Rechtfertigung der Freude.

Mit den „ernsten" Dingen dieser Welt treibt er seinen Schabernack, aber auch mit den Großen, die die Welt regieren. Als Tamerlan Persien erobert hatte – erzählt die Legende –, ließ er sich den Dichter Hafiz vorführen. Er machte ihm ein Gedicht zum Vorwurf, in dem Hafiz alle Herrlichkeiten Samarkands für das Muttermal auf der Wange seiner Geliebten hergeben wollte. „Wie konntest du dich erdreisten", zürnte Tamerlan, „den Glanz meiner kaiserlichen Stadt mit den Reizen einer persischen Dirne zu messen?" Hafiz antwortete: „Majestät, Großzügigkeit habt Ihr mich gelehrt." Tamerlan mußte so lachen, daß er des Dichters Leben schonte. Er könnte aber auch anders reagiert haben. Eroberer und Reichegründer sind meistens ziemlich humorlos. Was aber auch passieren mag, wenn Dichter und Tyrann aneinadergeraten, ich frage mich: Wer ist letzten Endes bemitleidenswert? Der, dem die Welt zu Füßen liegt, oder der, der über sie lachen kann? Die „ernste" Antwort wäre natürlich, daß Mitleid immer dem Opfer der Macht, nicht dem Mächtigen zukomme. Humor gibt jedoch, mindestens für den Augenblick, die entgegengesetzte Antwort: Bemitleidenswert ist der, der in Täuschung befangen ist. Macht aber ist die äußerste Täuschung. Lachen dagegen enthüllt die äußerste Wahrheit. Man kann das – bis zu einem gewissen Grade – auch sagen, ohne auf Transzendenz zurückzugreifen. Die Vernunft kennt die Brüchigkeit der Macht. Auch Tamerlan hat am Ende sterben müssen. Macht ist deshalb eine Täuschung, weil sie die Grenzen der empirischen Welt nicht überschreiten kann. Das aber kann das Lachen, und es vollbringt dies immer dann, wenn es die scheinbar ehernen Notwendigkeiten dieser Welt wieder einmal relativiert hat.

Ein Prototyp des Komischen ist Don Quijote, und eine prototypische Verkörperung des befreienden Humors ist der Clown. Die beiden Figuren stehen für alternative Auffassungen von der Gefangenschaft des Geistes in der Welt. Don Quijotes urkomische Empörung über die Kerkermauern der erfahrbaren Welt endet als tragisches Versagen. Am Ende ist er, wie Alfred Schütz sagt, „ein Heimkehrer in eine Welt, der er nicht angehört, eingesperrt in die Alltagswelt wie in ein Gefängnis. In diesem Gefängnis wird er vom grausamsten aller Folterknechte gefoltert: vom gesunden Menschenverstand, der sich der eigenen Grenzen bewußt ist"[16]. Vom Standpunkt der praktischen Vernunft aus ist keine andere

[16] Alfred Schütz, ‚Don Quixote and the Problem of Reality', in: *Collected Papers*, Nijhoff, Den Haag 1964, Bd. II, S. 157.

Folgerung denkbar. Enid Welsford erinnert in ihrer Geschichte des Clowns als gesellschaftliche und literarische Figur an eine andere, spezifisch religiöse Möglichkeit: „‚Unruhig ist unser Herz' in dieser Welt für den, der sich der großen religiösen Weisheiten der Menschheit nicht schämt, denn es ist zu Hause in einer anderen. Die Flucht aus dem Gefängnis ist jedoch nicht nur in der Phantasie, sondern tatsächlich möglich. Wer an Gott glaubt, glaubt auch an Seligkeit und mißtraut der ach so erhabenen Verlorenheit des Menschen. Für ihn ist die Komödie große Literatur. Denn sie ist ein Vorgeschmack der Wahrheit. Der Narr ist weiser als der Philosoph, und kein Schabernack ist so frivol wie die Vergottung des Menschen."[17] Im Rahmen der Religion ist Don Quixotes Hoffnung gerechter als Sancho Pansas „Realismus", und gerade die Ungebärden des Clowns haben sakramentale Würde. Religion erschließt die tiefere Bedeutung des Komischen. Sie ist es, die das Lachen in sein Erstgeburtsrecht einsetzt.

Ich kann nur eine geringe Zahl der vielen Gebärden des Menschen erwähnen, in denen wir die Zeichen der Transzendenz erkennen können. Vollzähligkeit würde zu einer ganzen philosophischen Anthropologie und obendrein zu einem theologischen System führen, das mit jener übereinstimmen müßte. Für ein so großes Unterfangen bin ich nicht Don Quijote genug. Und doch möchte ich nicht nur ein Programm aufstellen, sondern Vorschläge machen, wie man von einem anthropologischen Ansatz her theologisch weiterkommt. Meine Beispiele mögen nicht jeden überzeugen. Ich hätte auch andere beibringen können, wenngleich ich glaube, daß die meinen, weil sie sich auf allgemein menschliche Erfahrungen stützen, besonders geeignet sind. Ich bin absichtlich nicht auf innerreligiöse Erlebnisse der Transzendenz (Wunder, Visionen, Stigmata usw.) eingegangen – nicht etwa, weil ich ihre Erforschung für unwichtig hielte. Ich wollte nur in meiner Linie bleiben und zunächst einmal versuchen, statt

---

[17] Enid Welsford, *The Fool*, Doubleday-Anchor, Garden City, N. Y., 1961, S. 326 ff.

von den Projektionen vom Projektor, d. h. vom Menschen in seinen empirischen Gegebenheiten, auszugehen. Mystische und andere vermeintlich oder vermutlich übernatürliche Erlebnisse sind nun einmal nicht jedermanns Sache, sondern vielmehr *per definitionem* esoterisch. Ich wollte dagegen gerade Möglichkeiten für die Theologie zeigen, die von jedermanns Erfahrungen ausgehen. So habe ich mich denn auch an Phänomene gehalten, die in jedermanns Leben eine Rolle spielen. Noch das Argument der Verdammnis bleibt im „gewöhnlichen" Rahmen, weil es keinerlei Intervention aus dem Jenseits und keiner persönlichen Erleuchtung – oder unpersönlichen Verdunkelung – bedarf. Ich beanspruche keinen Vorrang dieser Methode vor anderen. Ich betrachte sie nur als einen Schutzwall vor den Abgründen des Relativismus. Vielleicht ist sie sogar besonders für Leute geeignet, die den „Feuer-Bach" des soziologischen Relativismus hinter sich haben.

Daß damit eine Fülle von schwierigen philosophischen Fragen angeschnitten ist, bedarf kaum der Erwähnung. Ich bin nicht imstande, sie anzupacken. Zwei Ärgernismöglichkeiten möchte ich allerdings von vornherein aus dem Wege räumen. Meine Überlegungen sind weder auf eine statische, von der Geschichte unberührte „Natur" des Menschen gestützt noch auf irgendeine Theorie der historischen Evolution oder des Fortschritts. Allerdings glaube ich, daß bestimmte Gebärden und Gesten des Menschen prototypisch und im Verlauf seiner Geschichte konstant geblieben sind. Es kann sein, daß die *Humanitas* zwingende und zwingend wiederkehrende Ausdrucksformen hat. Niemand kann jedoch leugnen, daß die Auffassung von *Humanitas* im Lauf der Geschichte denn doch allerlei Wandlungen durchgemacht hat. So ist z. B. unsere gegenwärtige Überzeugung von der Unvereinbarkeit der Sklaverei mit dem Wesen der *Humanitas* keineswegs zeitlos. In diesem Falle sind wir einmal dichter an der Wahrheit als die Antike – um von beschämend näher liegenden Zeiten zu schweigen. Im ganzen Bereich der Menschenrechte gelangen wir heutzutage mindestens zu einer theoretischen Wahrheitsfindung, die der Verfassung des Menschen und seinen Grenzen einigermaßen entspricht. Die Gleichberechtigung der Geschlechter (auch des „dritten Geschlechts", der sogenannten erotischen Minderheiten), die Gleichberechtigung der Rassen, die „Unmöglichkeit" der Todesstrafe, halte ich z. B. für echte Wahrheitsfindungen. Es wäre sicher falsch, sie als unumgängliche, selbstverständliche Ergebnisse einer historischen „Evolution" zu werten oder sich die Geschichte als pfeilgerade Bahn des „Fortschritts" vorzustellen, auf der unser Wissen vom Menschen ganz von selbst „wahrer" wird. Wahrheiten werden gefunden und verloren, wieder entdeckt und wieder vergessen. Die Geschichte ist nicht die Nacht, in der alle Katzen grau sind. Aber sie ist auch keine Himmelsleiter, deren oberste Stufe zu erklimmen ausgerechnet uns beschieden wäre. Jeder Anspruch auf Wahrheit in der Geschichte ist nach der Elle seines eigenen sozio-historischen Schneiders zu bemessen, d. h. um es noch einmal, mit Ranke, „ernst" zu sagen: Auch der Wahrheitsanspruch jeder Epoche ist „unmittelbar zu Gott". Das schließt jedoch nicht aus, daß heute einiges mehr über die Grenzen der *Humanitas* bekannt sein dürfte als zu anderen Zeiten. Ich sage absichtlich „bekannt", denn es kann durchaus sein, daß aztekische Priester in einer stillen Enklave Wahrheiten gefunden haben, von denen wir uns nichts träumen lassen – und sie auf Nimmerwiedersehen mit ins Grab genommen haben. Wer ein rechter Anthropologe sein will, tut gut daran, Bescheidenheit und Übermut im Gleichgewicht zu halten.

Sehen wir uns noch einmal die Zwillingsbegriffe „natürlich" und „übernatürlich" an. Wir erkennen die Dichotomie in der Position des Menschen zwischen einem hellen Mittelgrund, seiner Alltagswelt, und verschiedenen dunkleren Randzonen, in denen die alltäglichen Gewißheiten bedroht und sogar in Frage gestellt sind. Alfred Schütz hat gezeigt, daß wir den Mittelgrund der Normalität und Gesundheit nur „bewohnen" können, wenn wir keinerlei Zweifel an seiner Stabilität und Gültigkeit haben. Ohne Ausschaltung des Zweifels wäre das Alltagsleben unmöglich, und sei es nur, weil es unaufhörlich von der „Ur-Angst" unterspült würde, die uns das Wissen vom Tode und die Furcht vor ihm einbringen. Deshalb ist implizit jede menschliche Gesellschaft eine Schranke vor dem Abgrund des nackten Grauens[18].

Dennoch hat nahezu jede Gesellschaft, von der wir wissen, Randzonen und Mittelgrund auf vielerlei Weisen praktisch und theoretisch miteinander zu verbinden versucht. Die Schranke wurde von jeher und wird bis auf den heutigen Tag in feierlichen Riten zugleich gezeigt und beschworen. Beerdigungen, Hochzeiten, Initiationsriten sind allbekannte Beispiele dafür. Auch theoretische Anstrengungen, die Randzonen der Wirklichkeit mit dem, was Schütz die „oberste" Wirklichkeit nennt, zu integrieren, hat es immer gegeben. Sie beweisen mindestens, daß man sich nicht vor der Kenntnisnahme der Randzonen gedrückt hat. Mit anderen Worten: Fast alle historischen Gesellschaften haben sich für das Metaphysische offengehalten. Das Leben der Menschen hatte schon immer Tag- und Nachtseiten. Wegen der konkreten Bedürfnisse des Menschen lag der stärkere „Wirklichkeitsakzent" auf der Tagseite. Aber die Nachtseite hat man, selbst wo man sie mit Exorzismen auszurotten versuchte, nicht geleugnet – im Gegenteil. Deshalb ist die Tatsache, daß man sie heute so erfolgreich ignoriert, eine der erstaunlichsten Folgen der Säkularisierung. Die moderne Gesellschaft hat die Nacht bis zur Grenze des Möglichen aus dem Bewußtsein verbannt. Das zeigt sich besonders kraß daran, was man in Amerika, aber auch anderswo, der Würde des Todes antut[19]. Aber nicht nur in der Lebenspraxis sind die alten Fragen der Metaphysik heute mit sieben Siegeln verschlossen. Auch in der Theorie (besonders der angelsächsischen Länder) hat man Positionen bezogen, die diesem Problem jedwede Bedeutung

---

[18] Dieser Gedanke wird in Berger, *The Sacred Canopy*, loc. cit., in den Kapiteln 1 und 2 systematisch erörtert.

[19] S. Geoffrey Gorer, *Death, Grief, and Mourning*, Doubleday, Garden City, N. Y., 1965. Eine gute soziologische Zusammenfassung bringt ein Aufsatz von Philippe Ariès ‚La mort inversée', in: *European Journal of Sociology*, 1967, S. 169ff., außerdem Barney Glaser und Anselm Strauss, *Awareness of Dying*, Aldine, Chicago 1965. Letztere Arbeit ist eine empirische Studie aus einem Krankenhaus.

absprechen. „Was ist der Sinn meines Lebens?" – „Warum muß ich sterben?" – „Wer bin ich?" – das alles sind Fragen, die heute nicht nur praktisch außer Kurs sind, sondern auch philosophisch als bedeutungslos fallengelassen werden. Die Wirklichkeit eines älteren Geschäftsmanns, der träge sein Mittagessen verdaut, das ist – um das schon einmal gebrauchte Bild zu wiederholen – der Status, der heutzutage mit totaler philosophischer Relevanz ausgestattet wird. Alle Fragen, die einer solchen Wirklichkeit nicht entsprechen, werden für philosophisch unannehmbar erklärt. So kann man denn ohne Zaudern sagen, daß die Entthronung der Metaphysik einem Triumphzug der Banalität gleichkommt.

Wie lange eine solche Verengung der Grenzen menschlicher Erfahrung plausibel bleiben kann, ist fraglich. Jedenfalls führt sie zu einer großen Verarmung. Denn sowohl das tägliche Leben als auch das theoretische Denken verdanken ihren Reichtum zum größten Teil der Fähigkeit zur Ekstase. Ich wiederhole noch einmal, daß ich damit nichts Mystisches, sondern jenes Heraustreten aus den Gewißheitsstrukturen der Alltagswelt meine, jene Offenheit für das Numinose, das uns von allen Seiten umgibt. Wenn die philosophische Anthropologie ihren Namen zu Recht trägt, faßt sie diese Möglichkeit des Menschen ins Auge und erkennt darin ihre eigene metaphysische Dimension. Eine theologische Methode, wie ich sie hier skizzenhaft angedeutet habe, trägt zur Wiederentdeckung von Ekstase und Metaphysik als Dimensionen des Menschen bei und gewinnt dadurch dem Denken und der Erfahrung verlorene Reiche zurück.

4. Neue Wege der Theologie: Für und wider die Tradition

Daß ich der Theologie kein konservatives bzw. restauratives Programm zumuten will, dürfte nun auch Lesern deutlich geworden sein, die das anfangs vielleicht erwartet haben. Meine Kritik an den Banalitäten der „radikalen" Theologie heute und am säkularisierten Bewußtsein, welches sie legitimiert, war keine heimliche Aufforderung, sich schutzsuchend in die „feste Burg" der Traditionen zu flüchten. Einem ehrlichen Konservativen, gleich welcher Richtung, sind schon Ausdrücke wie „anthropologischer Ansatz", „empirisch gegeben", „induktiver Glaube" ein Dorn im Auge. Allein die Terminologie, mit deren Hilfe ich neue theologische Wege aufzuzeigen versuche, weist auf die einst von Schleiermacher eingeleitete liberale Theologie hin, deren Ablösung durch die neo-orthodoxe Bewegung in der Folge des Ersten Weltkrieges ich, wie schon gesagt, für rein temporär halte.

Vielleicht hat wirklich nur die verschiedene Auffassung vom *Verhältnis* zwischen Vernunft und Glauben den Graben aufgeworfen, der konservative und liberale Theologen heute scheinbar so unüberbrückbar trennt. Es wäre höchst unziemlich, aller konservativen Theologie Irrationalismus, aller liberalen Lauheit im Glauben ankreiden zu wollen. Die Frage, auf die es ankommt, ist vielmehr, wie man das Verhältnis zweier verschiedener geistiger Strömungen zueinander richtig erkennt. Alle konservative Theologie, wie rational sie auch methodisch vorgehen mag, beruft sich auf die Überlieferung, d. h. sie neigt zum *Deduzieren.* Alle liberale Theologie dagegen stützt sich, wie sehr sie auch die Notwendigkeit des Glaubens betonen mag, auf allgemein zugängliche Erfahrung, d. h., um es vorsichtig auszudrücken, sie neigt zum *Induzieren.* Diesen Unterschied moralisch verurteilen oder psychologisch beurteilen zu wollen, wäre einfach kindisch. Ich möchte nur noch einmal meiner eigenen Überzeugung Ausdruck geben, daß ich in einer Zeit wie dieser, die vom Sinn für Relativität durchdrungen ist, dem „induktiven Glauben" die besseren Chancen gebe, neue Wege zur Wahrheit der Religion zu öffnen.

Das Problem, Glauben plausibel zu machen, ist nicht neu. Schon Augustinus hat es auf die lapidare Formel gebracht: *Nullus quippe credit aliquid, nisi prius cogitaverit esse credendum;* niemand glaubt etwas, ohne vorher zu wissen, daß es glaubhaft ist [1]. Wir sind heute wohl einzig darin weiter als Augustinus, daß wir über das *cogitandum* und die *credenda,* also über das, was gewußt, und das, was geglaubt wird, etwas mehr und systematischer Bescheid wissen. Die entsprechenden Erkenntnisse der Wissenssoziologie habe ich im Abschnitt über Plausibilitätsstrukturen zusammengefaßt. Diese Erkenntnisse allerdings beeinträchtigen die Bereitwilligkeit, sich schlicht an die Überlieferung zu halten, nicht unbeträchtlich. Einem induktiven Glauben können sie dagegen nur förderlich sein.

Die von mir empfohlene Methode verlangt der Tradition gegenüber ein ziemliches Maß an Selbständigkeit. Dabei bleibt jedoch das Problem bestehen, sich ihr zu stellen. Wahrscheinlich kann Theologie überhaupt nur produktiv sein, wenn sie eben dieses Problem ganz ernst nimmt. Warum? Vielleicht kommen wir weiter, wenn wir zunächst einmal fragen: Warum *nicht?* Von dem Standpunkt aus, den ich vertrete, besteht die Notwendigkeit, sich der Überlieferung zu stellen, nicht etwa, weil ihr ein ebenso geheimnisvoller wie unverbrüchlicher Anspruch auf Treue zukäme. Solche Vorstellungen haben eine eigenartige Zähigkeit, selbst bei Intellektuellen, die sich unabhängig von ihrer Religion dünken, an ihrer kirchlichen Tradition jedoch festhalten, als wäre sie ein

---

[1] De praedestinatione sanctorum, 2:5.

Teil ihres Seins, eine innere Wirklichkeit, zu der sie stehen müssen. In der westlichen Welt haben besonders Juden diese Einstellung. Die historischen Gründe dafür liegen auf der Hand. Aber auch bei Christen trifft man auf Aussagen wie: „Ich muß doch mehr über meinen Glauben wissen" oder „Ich sollte wirklich mal lernen, was wir eigentlich glauben." Die Worte „Glauben" und „wir" beziehen sich in aller Harmlosigkeit auf die Religionsgemeinschaft, in der man zufällig aufgewachsen ist. Sie verraten die tiefe Unlogik einer solchen Einstellung, so verständlich sie psychologisch auch sein mag. Glauben, das sagt ja schon das Wort, bedeutet, daß man ihn hat oder eben nicht hat. Hat man ihn, so erübrigt sich das „Lernen". Hat man ihn nicht, so kann man ihn nicht als sein eigen bezeichnen. Und das „Wir" einer Religionsgemeinschaft, die *per definitionem* Gemeinschaft im Glauben voraussetzt, kann logischerweise nicht als etwas angesehen werden, das *vor* dem Glauben da ist – es sei denn, in Form einer soziologischen Aussage. Das aber wäre das letzte, woran die Leute denken.

Dabei kann man sie durchaus verstehen, ja sogar mit ihnen sympathisieren. Ihre Gründe liegen oft nur allzu klar auf der Hand. Es hat schon etwas Liebenswertes, wenn einem modernen Juden nach einem guten Abendessen am Yom Kippur Gewissensbisse kommen oder einem Katholiken, der seinem Kinderglauben entwachsen ist, die Knie so merkwürdig weich werden, wenn an Fronleichnam die Monstranz über die geschmückte Straße getragen wird. Sobald man jedoch psychische Reaktionen wie diese als Wahrheitskriterien ausgibt, werden sie zu Mystifikationen, und wir haben es mit jenem Phänomen zu tun, das Sartre „mauvaise foi" nennt. Freie Entschlüsse werden als Vorherbestimmung umgedeutet, und eine einmal getroffene Entscheidung – die zwischen Glauben und Nicht-Glauben – wird auf indirektem Wege außer Kraft gesetzt. Allerdings haben dunkle Vorstellungen wie die von der alles überwindenden Kraft des „jüdischen Blutes" oder des Taufwassers das ihre dazu getan, Judentum und Christentum eine Art *character indelebilis* anzuhängen. Einmal Jude – ewiger Jude, einmal Christ – in Ewigkeit Christ. Ich halte solche Gefühle ganz einfach für magisch und kann sie in meinem theoretischen Zusammenhang nur als enthumanisierende Verzerrungen der empirischen Wirklichkeit unseres Daseins anprangern.

Es gibt wahrhaftig bessere Gründe dafür, sich der Tradition zu stellen. Der einfachste ist, daß der Satz: „Wer die Geschichte übergeht, muß sie nachholen" auch auf Theologen zutrifft. Seit mindestens dreitausend Jahren werden die Grundfragen der Theologie leidenschaftlich diskutiert. Die Anmaßung, man könne Theologie unter Übergehung der Geschichte treiben, ist nicht nur unerträglich selbstgerecht, sondern auch unökonomisch. Schließlich ist es doch nur ein Zeitverlust, fünf Jahre an einer These herumzubasteln, bloß um eines Tages entdecken zu müssen, daß ein syrischer Mönch sie schon im 5. Jahrhundert vertreten hat. Das mindeste, was einem eine gewisse Vertrautheit mit der Überlieferung einbringt, ist ein kleiner Katalog der Häresien für den Hausgebrauch.

Wichtiger ist jedoch, daß meine Methode eine Abwendung von der Geschichte erst gar nicht nahelegt. Sofern menschliche Erfahrung theologisch überhaupt relevant ist, muß die Theologie auch ihre historische Dimension berücksichtigen. Wenn es tatsächlich religiöse Entdeckungen, d. h. Wahrheitsfindung aus erster Hand gibt, müssen wir ihrer Entstehungsgeschichte auf die Spur kommen, denn das Wort „Entdeckung" allein impliziert ja schon eine gewisse Historizität. Die Bedeutung der Historizität des Religiösen kommt noch schärfer heraus, wenn man die „Fortschrittsidee" verwirft. Denn es hat etwas für sich, die Vergangenheit links liegenzulassen, wenn sie nur ein einziger gerader Weg der Vervollkommnung sein soll. *Per definitionem* wäre dann jede Wahrheit von heute jeder von gestern und ehegestern überlegen. Wenn überhaupt, so brauchte man dann die Geschichte nur noch als „Unterbau" für die eigene Selbstgefälligkeit – etwa so, wie früher in der Völkerkunde von „Wilden" die Rede war. Sieht man jedoch jede Epoche „unmittelbar zu Gott", so muß auch jede Epoche gewissenhaft daraufhin geprüft werden, welche möglicherweise einzigartigen Spuren der Transzendenz in ihr zu finden sind. Um ein früheres Beispiel noch einmal zu bemühen: Jeder Theologe muß die Geschichte schon deshalb zu Rate ziehen, weil ihm in ihr plötzlich eine einzigartige Wahrheit aufleuchten könnte, die das Geheimnis eines spanischen Kabbalisten oder eines aztekischen Priesters war und vielleicht, wer weiß, genau die richtige Lösung seines eigenen Problems enthält.

Die logische Folge ist, daß man sich als Theologe nicht mit der Geschichte der eigenen Religion begnügen darf – mag man sich ihr auch noch so eng verbunden fühlen. Heutzutage kann man Religionsgeschichte nur in ökumenischem Bewußtsein treiben. In unserer pluralistischen Situation wird es immer schwieriger, religiös „unter sich" zu bleiben. Alle Religionsgemeinschaften sind heute ständig von der massiven Präsenz einer säkularisierten Weltanschauung bedroht – und sie lassen dennoch nicht davon ab, sich gegenseitig bei jeder Gelegenheit eins auszuwischen. Christen hauen ihren Juden, Katholiken ihren Protestanten, und die innerprotestantische Prügelei nimmt schon geradezu orgiastische Formen an. Mit ein bißchen Fortune kann man auch auf den jüngst per Düsenmaschine importierten Guru einschlagen, dessen geistliches Gepäck schon des komfortablen Flugs wegen von erbaulicher Leichtigkeit sein dürfte. Heute ist jeder, ob ihm das paßt oder nicht, unentwegt im Gespräch mit jedem, wobei die Formen im allgemeinen an Höflichkeit nichts zu wünschen übriglassen. Das entbehrt nicht einer gewissen Komik. Aber ich denke, es hat auch sein Gutes. Nonnen kann es nichts schaden, sich mit Rabbinern vertragen zu müssen – und umgekehrt. Und wenn gar beide gemeinsam ein paar heiligen Hindus Paroli bieten müssen, so können sie nur Gewinn daraus ziehen. Selbst wenn man das ökumenische Bewußtsein zum Teufel wünscht: ignorieren kann man es heute allenfalls, wenn man sich einmauern läßt.

Die Kehrseite des praktisch Notwendigen ist unter diesen Umständen für die Theorie geradezu ein Segen. Denn das ökumenische Bewußtsein ermöglicht ein theologisches Vorgehen, das, wie nie vorher in der Religionsgeschichte, der ganzen Mannigfaltigkeit menschlicher Religiosität gewahr werden kann. Damit nimmt die Wahrscheinlichkeit ab, daß irgendeine religiöse Entdeckung aus Gründen der sozio-historischen Zufälligkeit der Geburt eines Theologen verborgen bleibt.

Den Druck der pluralistischen Situation verstärken die Erkenntnisse der modernen Geschichtswissenschaft, die uns wie nie zuvor die Vergangenheit erschlossen haben. Eine unglaubliche Fülle von Informationen über jede beliebige historische Zeit liegt in unmittelbarer Reichweite des Theologen – und wenn er nur nach billigen Taschenbüchern greift. Kaum vorstellbar, daß bei weiser Dosierung solche Chancen der Theologie nicht zu Nutz und Frommen gereichen sollten. Für theologischen Ethnozentrismus gibt es jedenfalls keine Entschuldigung mehr.

Heute ohne Kenntnis des ganzen ökumenischen Reichtums theologisch weiterarbeiten zu wollen, sollte eigentlich außerhalb unseres Vorstellungsbereichs liegen. Wenigstens im westlichen Lager der Christenheit gibt man das allmählich zu, und die ökumenische Bewegung, das sei zu ihrer Ehre gesagt, bezieht zunehmend auch die Ostkirchen in ihren – *sit venia verbo* – „Polilog" mit ein. Mindestens in Amerika wird auch das Gespräch zwischen Juden und Christen als heilsames Exerzitium begrüßt. Aber so positiv das alles auch zu bewerten ist – das ökumenische Bewußtsein sollte sich damit noch nicht zufriedengeben. Christen und Juden sind schließlich Vettern ersten Grades. Sie sollten zumindest auch ihre Vettern zweiten Grades aus dem Hause Islam mit ins Gespräch ziehen. Zu wünschen wäre (was übrigens wohl auch unvermeidlich ist), daß die Runde um die großen Religionen Indiens und des Fernen Ostens erweitert wird, und zwar nicht nur um ihre unmittelbare Gesprächspartnerschaft, sondern auch thematisch um ihre großen heiligen Bücher. Daß diese Desideratenliste zu der von mir angeregten Methode gehört, bedarf keiner weiteren Erörterung.

Ökumenisches Bewußtsein muß mehr sein als die bloße Anpassung an praktische Gegebenheiten und an die interkulturellen guten Manieren im Foyer des Hauses der Vereinten Nationen. Es geht um mehr als wohlbemessene Höflichkeit Leuten gegenüber, die, sagen wir einmal, Kühe heilighalten oder über Fliegenklatschen bekümmert sind. Ökumenisches Bewußtsein ist ein induktiver Zugang zur Theologie. Dabei muß ich allerdings eins warnend betonen: ich meine alles andere als ein interkulturelles Kauderwelsch, eine Art frommes Esperanto, in dem alle Einzeltraditionen aufgehen. Im Gegenteil, wir brauchen eine Klärung zwischen entgegengesetzten Standpunkten, um uns entscheiden zu können. Nur wenn man weiß, was zur Wahl steht, kann man wählen und die getroffene Wahl als *Entscheidungsmöglichkeit* gelten lassen. Mit anderen Worten: entscheiden kann nur ein ökumenisches Bewußtsein – sei es zwischen historischen Überlieferungen bzw. deren Modifikationen und Verschmelzungen oder gar in Opposition zu allem Überlieferungsgut, um nach dessen gründlicher Prüfung zu ganz neuen Ufern aufzubrechen. So ist etwa jeder Versuch, Christentum und Buddhismus zu mischen, ein klarer Beweis für die Unkenntnis einer oder beider Religionen. Ich halte sie für geradezu entgegengesetzt. Mindestens über ihre Verschiedenheit sollten sich die Protagonisten beider Lager Gedanken machen, aber nicht nur sie, sondern auch wer sich für keine von beiden Religionen entscheidet. Die Kenntnis zweier so verschiedener historischer Gebilde kann die Klarheit des einzelnen über den Glauben seiner Wahl nur bereichern.

Diese Gedanken sind keineswegs neu. In der Blütezeit der liberalen Theologie waren sie sehr verbreitet und für das wachsende Interesse an Religionsgeschichte und vergleichender Religionswissenschaft ein wichtiger Faktor. Damals setzten Gelehrte und Laien die höchsten Erwartungen in die Kenntnis von der ganzen Mannigfaltigkeit religiöser Möglichkeiten des Menschen, vergangener wie gegenwärtiger. Eine solche Horizonterweiterung, so hoffte man, müsse auf diesem Gebiet allein schon zu mehr Vernunft führen. Mit welchen enormen Anstrengungen hat beispielsweise Max Müller die heiligen Bücher des Ostens zusammengetragen. Und – um nicht nur von gelehrtem Verdienst zu sprechen – welchen Wirbel gab es, als Ende letzten Jahrhunderts im Anschluß an die Weltausstellung in Chicago ein Weltparlament der Religionen zustande kam. Die philologisch-historischen Errungenschaften dieser Zeit sind von unschätzbarem Wert und noch heute die Grundlage aller religionshistorischen Forschung. Aber wir täten gut daran, auch weniger gelehrte Äußerungen jener „Frühreife des ökumenischen Geistes" nicht blasiert zu übersehen. Ich mute gewiß niemandem zu, sich von kleinen alten Damen in Tennisschuhen, die mit unverkennbar teutonischem Akzent *Ex oriente lux* predigen, tief beeindruckt zu zeigen (wenngleich ich bekennen muß, daß ich sie noch immer wesentlich eindrucksvoller finde als Intellektuelle, die sich einbilden, das Licht könne einzig aus ihren eigenen armseligen Cliquen kommen). Auch volkstümliche Betriebsamkeit (ich meine natürlich die kleinen alten Damen, nicht die Intellektuellen) hat für die Plausibilitätsstruktur eines ernsteren geistigen Unterfangens Bedeutung.

Ich denke auch nicht, wie ich schon sagte, an einen einfachen Rückzug auf frühere Phasen des religiösen Denkens. Dergleichen ist in der Religion fast genauso unmöglich wie auf irgendeinem anderen Gebiet. Aber selbst wenn es möglich wäre: ich wünsche mir keinen hohlen Fortschrittsglauben, keinen dürren Rationalismus und nicht die eitle Selbstgefälligkeit der *belle époque* zurück. Was ich mir allerdings wünsche, ist die Neubelebung eines der großen Antriebsmomente jener Zeit, die mit Recht die Schleiermachers genannt wird: den Geist der geduldigen Induktion und Offenheit für die ganze Fülle menschlicher Erfahrung, besonders da, wo sie der historischen Forschung zugänglich ist.

Die Überlieferung, *jede* Überlieferung, muß nach Spuren der Transzendenz durchforscht werden, nach versteinerten Spuren vielleicht. Das bedeutet, daß man sie mit empirischen Methoden (am wichtigsten sind natürlich die historischen Wissenschaften) angeht und sich jedes dogmatische *Apriori* (im Sinne der Neo-Orthodoxie) versagt. Vor einigen Jahren ist in Deutschland eine Gemeinschaftsarbeit junger Theologen erschienen, die eine Herausforderung der Neo-Orthodoxie sein wollte und den vielsagenden

Titel *Offenbarung als Geschichte* trägt[2]. Wortführer dieser Gruppe ist Wolfhart Pannenberg, der auch weiter die Bedeutung der empirischen Geschichtswissenschaft und der empirischen Anthropologie für die Theologie verficht. Ich stimme durchaus mit ihm überein, würde nur vorziehen, statt „Offenbarung" „Entdeckung" zu sagen. Wer nämlich den Glauben schon hat, sieht in jeder Manifestation der Transzendenz eine Offenbarung oder, um Mircea Eliade zu zitieren, eine „Theophanie". Aus methodischen Gründen möchte ich jedoch eben gerade von diesem „schon" absehen, mindestens für den Ausgangspunkt. Denn von „Offenbarung" zu sprechen, ehe man noch weiß, was „Entdeckung" heißen soll, bedeutet das Pferd am Schwanz aufzuzäumen[3].

Die Geschichte ist ein einziger großer Bericht von den Erfahrungen des Menschen mit sich und seiner Wirklichkeit. In vielen Formen findet sich darin auch, was ich Spuren der Transzendenz nenne. Eine dringliche Aufgabe der Theologie wäre, historisch überlieferte „Spuren" streng empirisch zu untersuchen, und zwar sowohl mit dem Instrumentarium der historischen Anthropologie als auch mit dem der Religionsgeschichte. Wenn man mich fragt, hat unbedingt die erstere die logische Priorität. Der empirische Rahmen wird erst überschritten, sobald eine so verfahrende Theologie von Entdeckungen zu sprechen beginnt und erklärt, was sie für eine Entdeckung hält. Das ist der Punkt, an dem sie transzendentale Intentionen menschlicher Erfahrung als *Wirklichkeit*, nicht als *angebliche Wirklichkeit* behandelt.

Daß ein solcher Übergang von der empirischen Analyse zur Metaphysik als solcher ein Glaubensakt ist, braucht nicht betont zu werden. Erst dadurch, daß sie einen solchen Glauben antizi-

---

[2] Wolfhart Pannenberg u. a., Offenbarung als Geschichte, Vandenhoeck und Ruprecht, Göttingen 1963.

[3] Wenn ich Pannenberg richtig verstehe, scheint er diesem Gedanken beizupflichten. Meine Bemerkungen dazu sind nicht als Kritik an Pannenberg, sondern als Warnung vor verfrühten „Korrelationen" aufzufassen, zu denen Theologen mit bestimmter biographischer und geistiger „Verwurzelung" begreiflicherweise neigen.

piert, unterscheidet sich die Theologie von der empirischen Erforschung des Menschen und seiner religiösen Hervorbringungen. Und erst dann ist sie Theologie im wahren Sinn des Wortes. Von einer „wissenschaftlichen" Theologie zu sprechen ist also absurd, eine Tendenz übrigens, die in Skandinavien, besonders in Schweden, zu beobachten ist, wo die Theologie im Grunde von der Phänomenologie und der Religionsgeschichte absorbiert worden ist. In jedem empirischen Zusammenhang muß das Transzendente als eine menschliche Projektion erscheinen. Wenn daher von Transzendenz *als* Transzendenz gesprochen wird, muß man den empirischen Bezugsrahmen verlassen. Anders geht es nicht. Mir ist es nur um eine Methode zu tun, mit deren Hilfe man ohne Bruch von einem Bezugsrahmen in den anderen gelangen kann.

Ein Beispiel: In letzter Zeit legt man im Protestantismus immer größeres Gewicht auf die Figur Christi als den Mittelpunkt, von dem angeblich allein alle Theologie ausgehen müsse. Im Extremfall führt das zur systematischen Vergewaltigung des historischen Materials, wenn man etwa christliche Glaubensinhalte in die Religionsgeschichte des alten Israel hineinliest. Aber auch Theologen, die der Geschichte den gebührenden Respekt nicht verweigern, interpretieren sie, als wäre Christus ein unerschütterliches *Apriori,* ein Brennpunkt, in dem sich alles historische Geschehen sammelt. Ich halte ein solches Vorgehen für falsch. Das historische Material über Christus im Neuen Testament und den anschließenden Büchern sehe ich vielmehr als Texte, die über einen eigenartigen Ballungspunkt menschlicher Möglichkeiten Bericht erstatten. Gegenüber vergleichbaren anderen Quellen, etwa dem Pali Kanon und seinem literarischen Umkreis, soweit darin von Buddhas Leben und Taten die Rede ist, räume ich denjenigen des Neuen Testaments keine Sonderstellung ein. Die Fragen, mit denen ich an sie heranginge, wären vielmehr die gleichen wie in jedem anderen Falle: *„Was wird hier ausgesagt? Welche menschliche Erfahrung steht hinter der Aussage? Wie und bis zu welchem Grade handelt es sich bei diesen Aussagen um echte Entdeckungen transzendentaler Wahrheit?"*

Ich kann mich nicht auf das Problem einlassen, ob mein Vorgehen in diesem besonderen Falle die erneute „Suche nach dem historischen Jesus" heraufbeschwören muß, die einige Neutestamentler für so dringlich halten, oder ob wir uns mit der Auffassung der Bultmann-Schule zufriedengeben müssen, daß der historische Jesus unerreichbar sei. Wenn es nach ihr geht, sind wir auf Gedeih und Verderb im Banne jenes Christus, den die Urkirche als göttlichen Erlöser und Heiland eingesetzt hat. Diese ganze Problematik überschreitet meine Kompetenzen. Mich interessiert auch nur die methodische Frage. Ich berufe mich auf den klassischen *Modus operandi* der Bibelwissenschaft im 19. Jahrhundert. Ich möchte zurück zu jener unerbittlichen Ehrlichkeit, die weniger respektlos mit den kirchlichen Autoritäten als erbarmungslos mit den eigenen religiösen Hoffnungen ins Gericht ging. Der Protestantismus, die erste Religion, die den Mut hatte, das Skalpell der empirischen Forschung an sich selber zu erproben, hat allen Grund, stolz auf diesen Geist zu sein. In seinem Sinne (und eben nicht als Selbstentäußerung an das vermeintliche *Apriori* einer Sonderüberlieferung) hat mein Vorgehen teil an jener „lebendigen, bewegenden, rastlosen Kraft" dessen, was Paul Tillich „das protestantische Prinzip" nennt: „Der Protestantismus hat ein Prinzip, das jenseits jeder seiner Verwirklichungen steht ... Das protestantische Prinzip ist der Richter jeder religiösen und kulturellen Wirklichkeit, einschließlich der Religion und der Kultur, die sich selbst protestantisch nennt."[4] In diesem und nur in diesem Sinne ist die Behandlung des Phänomens Christus, die ich vorschlage, geradezu unerhört protestantisch. Das dabei unvermeidliche „Gericht" schließt jedoch angesichts der religiösen Ekstasen des Menschen jede, aber auch jede Selbstgerechtigkeit von vornherein aus. Im Gegenteil. Es ist beseelt von geduldiger Offenheit und Demut vor noch dem kleinsten Wink religiöser Wahrheit.

---

[4] Paul Tillich, *The Protestant Era*, University of Chicago Press, Chicago 1948, S. 163. Zitat nach der deutschen Ausgabe: *Der Protestantismus; Prinzip und Wirklichkeit*, Steingrüben, Stuttgart 1950, S. 216.

Ich habe in diesem Kapitel betont, wie wichtig es ist, daß Theologen sich mit der Überlieferung auseinandersetzen, und zwar mit der eigenen so gut wie mit der anderer Kulturen. Ich hoffe, deutlich gemacht zu haben, daß das kein Widerspruch ist zu dem, was ich im vorigen Kapitel über einen anthropologischen Ansatzpunkt für die Theologie gesagt habe. Ich will jetzt nicht etwa Anthropologie durch Religionsgeschichte ersetzen. Allerdings meine ich, daß die Theologie nicht empirisch einseitig orientiert sein darf. Zusätzlich zu dem, was empirisch am Menschen und seinen Werken zu erforschen ist (in erster Linie mit Hilfe der Anthropologie und der sozio-historischen Wissenschaften), müssen auch die religiösen Inhalte der Überlieferung – innerhalb und außerhalb des eigenen Kulturmilieus – berücksichtigt werden. Wer den Menschen in seiner Wirklichkeit erkennen will, wird sich auch den Zugang zu anderen Quellen, künstlerischen, poetischen z. B., erobern müssen. Auf der Suche nach Spuren der Transzendenz kann man ganz gewiß nicht an den Werken Bachs, Mozarts, Hölderlins, an den gotischen Kathedralen, an Chagall oder Blake (um nur einige Namen zu nennen) vorübergehen. Nur haben wir bis heute noch kaum eine Vorstellung, wie sich die Auseinandersetzung mit der Kunst methodisch exakt und zugleich produktiv für unser spezielles theologisches Thema bewerkstelligen läßt.

In einer Zeit, in der das Wort „Dialog" ein Modeschlager ist, gerät niemand außer sich, wenn man auch der Theologie rät, sich auf Gespräche nach allen Seiten mit vielen Disziplinen einzulassen. Auch wenn man statt „Dialog" „Polilog" sagt, bedeutet das keinen aufregenden Fortschritt. Alles hängt eben davon ab, wie und aus welchen Beweggründen heraus ein „Polilog" aufgenommen wird. Warum sollte ich wiederholen, was ich über das „Mitmachen" als Motiv oder den offenbar unwiderstehlichen Drang, die allerneuesten „gebildeten Verächter" auf sich aufmerksam zu machen, um an die Massenmedien heranzukommen, gesagt habe. Jedes andere Motiv als die Suche nach der Wahrheit degradiert die Theologie – wie jedes geistige Werk. Dabei machen nicht einmal so ehrenwerte Motive wie Seelsorge und Verkündigung eine Ausnahme. Aber das Wie der Auseinandersetzung ist entscheidend. „Dialog" kann ein Alibi für Schaumschlägerei sein: Jeder redet mit jedem, und niemand hat etwas zu sagen. Die sogenannte Dynamik der Kommunikation ist kein Ersatz für geistige Anstrengung. „Dialog" kann in einer besonderen geistigen Situation aber auch eine innere Notwendigkeit sein. Dann allerdings liegt ihm kein anderes Motiv als die Suche nach der Wahrheit zugrunde, und er wird keiner Art von Drückebergerei vor Erkenntnissen, die nur durch rigorose Anstrengungen gewonnen werden, Vorschub leisten. Solche Dialoge zähle ich zu den eigentlichen Versprechen, die unsere heutige Lage bietet, und ich glaube, Theologie, in dieser Einstellung betrieben, ist eine der aufregendsten geistigen Tätigkeiten, denen man sich heute verschreiben kann.

Dabei darf man nicht außer acht lassen, daß Religion schließlich nicht nur für gebildete Leute da ist und auch nicht in erster Linie Theoretiker angeht. Der ursprüngliche religiöse Impuls geht dahin, ein Numinosum zu verehren, nicht darüber nachzudenken. Dabei spielt es kaum eine Rolle, ob die Mehrheit derselben Religion (bzw. deren Modifikationen) anhängt oder ob nur was ich kognitive Minderheiten nenne an ihr festhalten. Wenn sie heute nur noch bei bestimmten Kreisen der Intelligenz ein Echo fände, so wäre das an sich schon ein Symptom für ihre allmähliche oder demnächst bevorstehende Abdankung. Mit der jüdisch-christlichen Überlieferung ist jede Art von intellektueller Esoterik ganz besonders unvereinbar. In unserer Tradition ist Glaube von jeher dem Alltag, der Arbeit und der Hoffnung menschlicher Gemeinschaften, denen der Kanalarbeiter wie der Theoretiker angehören, zugewandt gewesen. Ich gebe also zu, daß die Theologie, von der ich spreche, auch wenn sie ein noch so kompliziertes theoretisches Instrumentarium benötigt, immer darauf aus sein muß, sich in menschlichen Gemeinschaften zu artikulieren, die alles andere als theoretisch interessiert sind. Es wäre unsinnig, Spekulationen über die Art solcher Gemeinschaften anzustellen. Auch sie werden ihren Platz in einer pluralistischen Gesellschaft finden. Es ist sehr wohl möglich, daß sich innerhalb der Kirchen und kirchenähnlichen Institutionen neue Gruppierungen bilden, Varianten jenes alten Typus der *ecclesia in ecclesia* – der Kirche in der Kirche –, d. h. engere, intensivere Kreise im Rahmen der gesamten Religionsgemeinschaft. Eine solche Möglichkeit zeichnet sich bereits bei den zahlreichen Zusammenschlüssen ab, die, wahrscheinlich zu Unrecht, als „Untergrundkirchen" firmiert werden. Aber auch an Mischgruppen quer über die Grenzen unserer religiösen Institutionen hinweg ist zu denken sowie an ganz neue religiöse Gebilde außerhalb der bestehenden Kirchen mit geringer oder gar keiner Verbindung zu deren überlieferten Glaubensinhalten. Auch dafür gibt es schon Beispiele. Ob sie eher zu den „Sekten" oder zu den „Kirchen" (in Amerika auch den „Denominationen") zu zählen sind, hängt, wie wir gesehen haben, davon ab, in welchem Grade sie inhaltlich vom kognitiven Konsensus der Gesamtgesellschaft abweichen. Für jede mögliche Form gilt jedenfalls, daß, solange ihr religiöser Inhalt nicht „tot", sondern „lebendig" ist, die Gemeinde, in der er „lebt", ihn nicht nur praktiziert, sondern auch eine durch Theorie verbundene Gemeinschaft darstellt. Das Praktizieren kann die verschiedensten Formen annehmen – denkbar sind z. B. auch politische. Eine ist jedoch unerläßlich und kehrt immer wieder, weil sich in ihr das Eigentliche der Religion äußert: Verehrung, Anrufung, Anbetung des Numinosen – Gottesdienst in welcher Form auch immer ist das prototypisch menschliche Gebaren jeder Religion, die Geste, in der sie sich immer wieder verwirklicht. Es ist jene Geste, mit der der Mensch über alles Irdische hinaus voller Hoffnung nach dem Unendlichen greift.

Dieses und das vorige Kapitel enthalten, ich kann das nicht verhehlen, gewisse programmatische Ansätze. Selbst unter idealen Umständen würde ich etwa bis zum zehnten Jahrestag meiner Emeritierung warten müssen, bevor ich so weit wäre, aus diesen Ansätzen einen Programmentwurf zu entwickeln. Ich muß mich zu der amerikanischen Untugend bekennen, nicht genug Geduld für so viel Askese aufzubringen. Bei den Amerikanern gleicht sich das dadurch aus, daß sie einen Schlußstrich ziehen und den Mund halten können. Da ich aber weder geneigt bin, den Mund zu halten, noch unter ein noch nicht vorhandenes Programm den Schlußstrich ziehen kann, wage ich ein paar Schritte über das Programmatische hinaus. Im vorigen Kapitel hatte ich angedeutet, was ein anthropologischer Ansatz für die Theologie bedeutet. Ich möchte dieses Kapitel mit ein paar Hinweisen darauf schließen, wie man sich im Rahmen eines mir vorschwebenden Programms mit der Überlieferung auseinandersetzen könnte. Aus Gründen der gebotenen Kürze müssen diese Bemerkungen sich auf die christliche Überlieferung beschränken[5].

Eine Möglichkeit wäre das Differenzieren im Umgang mit dem Überlieferungsgut. Für einige seiner Bestandteile scheint mir eine kräftige Bestätigung der klassischen Formeln geboten – *adversos modernos,* gegen die Modernen; eine Kampfansage an das säkularisierte Bewußtsein. Bei anderen sehe ich nur die Möglichkeit, das, was ich „Entdeckungen" nenne, aus ihrem traditionellen Rahmen zu lösen und neu zu formulieren. Ein solches Vorgehen wäre also, und zwar im vollen Sinne des Wortes, „häretisch", nämlich theologisch selektiv einer Überlieferung gegenüber, die sich von jeher als unteilbar ausgibt. Andere mögen meine Auswahl in jenem umfangreichen Katalog früherer Häresien unterbringen, den jeder Dogmatiker immer im Kopf zu haben scheint. Abgesehen von der Wiedersehensfreude, die jedem zu gönnen ist, der in mir einen hartgesottenen Irrlehrer, sagen wir, aus dem alten Alexandrien oder Antiochien zu erkennen glaubt, können nur Orthodoxe solche Zuschreibungen ernst nehmen.

Adversos modernos muß vor allem der Gottesbegriff verteidigt werden, der im alten Israel entstanden und im Alten Testament auf uns gekommen ist. Hier kann man, auch wenn man alle Mög-

---

[5] Die folgenden Abschnitte enthalten natürlich Anspielungen auf bestimmte theologische Positionen und Kontroversen. Der versierte Leser wird leicht erkennen, was gemeint ist, nicht ohne dabei die Stirn zu runzeln. Dennoch möchte ich diese Anmerkungen nicht mit Belegen befrachten, die nur davon ablenken würden, wie möglich oder unmöglich mein Ansatz als solcher ist.

lichkeiten interkultureller religiöser Wechselwirkungen in Betracht zieht, mit voller Überzeugung von einer *Entdeckung Gottes* sprechen. Der Gott, den Israel entdeckt hat – im jüdischen Selbstverständnis hat er sich Israel geoffenbart –, war ein nie dagewesenes Ereignis in der religiösen Vorstellungswelt des Nahen Ostens jener Zeit. Es war ein Gott, der gänzlich anders ist als die „natürliche" Wirklichkeit menschlicher Erfahrung, der weder im Menschen (wie bei den orgiastischen Religionen der Nachbarkulturen) noch in der Welt (wie bei jeder bisherigen ausschließlichen Verbindung von einem Volk mit einer Gottheit) zu finden ist. Der Gott Israels stand außerhalb des Menschen und der Welt; er war der Schöpfer des Menschen und der Welt. Seine hoheitsvolle Jenseitigkeit und sein Anderssein bedeuteten jedoch nicht Gleichgültigkeit und Unzugänglichkeit für den Menschen in seiner Wirklichkeit. Im Gegenteil, diesem Gott begegnet der Mensch, weil Gott zu ihm spricht, und manifest wird er vor allem in historischen Ereignissen der Menschheit. Wann immer aber Gott zum Menschen spricht, ist sein erstes und letztes Wort eine überwältigende sittliche Forderung.

In ihrem Theozentrismus steht die biblische Überlieferung (zu der wir unter diesem Aspekt auch den Islam mit seinem leidenschaftlichen Protest gegen jede Verfälschung der überirdischen Majestät Gottes zählen müssen) in scharfem Kontrast zu den großen Religionen Indiens und des Fernen Ostens. Sie befindet sich damit aber auch im Gegensatz zur Innerweltlichkeit und zum Neo-Mystizismus der modernen Säkularisierung. Denn wann immer diese keine Ruhe in ihrer Gefangenschaft findet, flüchtet sie sich in die angeblichen Tiefen des menschlichen Bewußtseins – wie die vielen psychologischen Heilslehren von heute zeigen. Mystizismus ist, kurz gesagt, jede religiöse Doktrin oder Praktik, die Göttliches und Menschliches als Einheit sieht. Diese Grundqualität des Mystizismus kommt in klassischer Formulierung im Hinduismus, im *ta twam asi* – „das bist du" –, zum Ausdruck. Das bedeutet: die Tiefen der menschlichen Seele sind identisch mit den Tiefen des Universums. Jede mystische Religion sucht das

Heil deshalb immer in möglichen Tiefen des menschlichen Bewußtseins. Darum paßt der Ausdruck „Neo-Mystizismus" so gut zu dem, was sich heute unter dem Banner der Psychotherapie sammelt. Jede Heilssuche dieser Art steht in diametralem Gegensatz zum biblischen Gott, der außerhalb des Menschen und ihm gegenübersteht.

Der Gott der Bibel ist der Gegenpol zur großen Identität der Mystik in allen ihren Varianten. Die Entdeckung Gottes, der ist, der er ist, heute zu bejahen, heißt vielleicht, daß ein neues Credo formuliert werden muß, dessen Inhalt jedoch, was *diesen* Punkt betrifft, um kein Jota verändert zu werden braucht: der Glaube an Gott, der nicht die Welt ist und nicht des Menschen, sondern außen, nicht innen, der kein Zeichen des Menschen und der Menschen Dinge ist, sondern von dem der Mensch und des Menschen Dinge zeugen, der versinnbildlicht wird, aber kein Sinnbild ist. *Dieser* Gott, gänzlich anders und doch der Erfahrung erreichbar, ist es, in dem der Glaube das Fundament der Ordnung, der Gerechtigkeit und des Mitleids in der Welt sieht. Und seine Jenseitigkeit ist es, für die gewisse Gesten des Menschen Zeichen sind. Der Glaube an *diesen* Gott kommt, wovon die Geschichte des alten Israel zeugt, einer Hoffnung gleich, die über den Tod hinausreicht.

Dieser Gottesbegriff ist so jüdisch und mohammedanisch, wie er christlich ist. In den klassischen Glaubensbekenntnissen der christlichen Kirchen bezeugt ihn der erste eher denn der zweite oder dritte Glaubensartikel. Mit Rücksicht auf deren Umstrittenheit von Kirche zu Kirche ziehe ich einen neuen theologischen Ansatz jedem Reformversuch auf der Grundlage einer der orthodoxen Traditionen vor. Wenn man tatsächlich in eben dem Sinne von einer Entdeckung Christi wie von der Entdeckung Gottes sprechen kann, dann betrachte ich das unendlich schwierige Problem der Theodizee als Bindeglied zwischen beiden. In der Christologie geht es immer um die Erlösung. Noch in ihren absonderlichsten Kontroversen spricht sie von Christus stets als vom Erlöser des Menschen. Einige moderne Schriftsteller haben sich weidlich über die leidenschaftlichen Auseinandersetzungen in der Frühkirche amüsiert, bei denen es um folgendes Problem ging: Sind Gott und Christus als *homoi-usion* oder als *homo-usion*, d. h. von ähnlicher oder von ein und derselben Substanz, zu verstehen? So viel Aufregung über einen Buchstaben. Gewiß, aber auf diesem einen Jota beruhte die Frage, wieso alle Hoffnung auf Erlösung bei Christus liege. Wenn die Kirche sich schließlich für *homo-usion* entschied, so nicht aus Spitzfindigkeit, sondern weil es damals dringend geboten schien, den Glauben zu stärken, daß Gott selbst in Christus Fleisch geworden ist, gelitten hat und auferstanden ist von den Toten zum Heile des Menschen.

Nun ist Erlösungssuche allerdings kein Vorrecht der Bibel. Um sie geht es z. B. auch bei der Idee der *Moksha* (der Befreiung von der Trübsal des Daseins) im Hinduismus. Bei allen Unterschieden dessen, wovon der Mensch erlöst werden soll und wie das vor sich gehen kann – Erbsünde und ewige Seligkeit in der Bibel, Karma und Befreiung von den Fesseln der Wiedergeburt in den heiligen Büchern Indiens –, hat Erlösungssuche als solche eine gemeinsame und empirisch gegebene Grundlage: die Wirklichkeit des Leidens, des Bösen und des Todes.

Zwischen Hiobs Staunen darüber, daß Gott in seiner Allmacht solche Leiden zuließ, und Buddhas Betrachtung über die Wurzeln des Leidens im Zusammenhang eines Glaubens an das endlos sich drehende Rad der Wiedergeburten mögen Welten liegen. Aber die Wirklichkeit des Leidens in Israel und Indien kann allzu verschieden nicht gewesen sein. Der aussätzige Bettler, eine der vier Erscheinungen, die den jungen Buddha bewogen, der Welt den Rücken zu kehren und Erlösung zu suchen, mag dem geplagten Juden zum Verwechseln ähnlich gesehen haben, der „mit bösen Schwären von der Fußsohle an bis auf seinen Scheitel" geschlagen war (Hiob 2:7).

Der jüdische Gott hat die Frage nach dem Sinn von Leiden und Übel nur noch quälender werden lassen. Die Entdeckung des einen allmächtigen und allgütigen Schöpfers der Welt und Herrn der Geschichte mußte die Frage seiner Rechtfertigung, das Problem der Theodizee, in aller Schärfe aufwerfen. Ich halte die gesamte Christologie im Grunde für eine Antwort auf dieses Problem.

Die Entdeckung des Christus ist die der erlösenden Gegenwart Gottes in der Not des Lebens. Von nun an erlebt der Mensch Gott nicht nur als das allgewaltige Gegenüber seiner Welt, sondern auch als die leidende Liebe, die in seiner Welt zugegen ist. Dieses In-der-Welt-Sein Gottes rechtfertigt die Schöpfung und stiftet Übereinstimmung zwischen Seiner Allmacht und Seiner Allgüte. Und es gibt dem Leiden einen Sinn in der Hoffnung auf Erlösung. So wird denn die ganze Menschheitsgeschichte zu einem einzigen langen Marsch zu jenem Ziel, an dem Gottes Rechtfertigung offenbar geworden und, in der Sprache des Neuen Testamentes, das Reich Gottes angebrochen ist. Christus jedoch ist eine Vorwegnahme der letzten Rechtfertigung des Schöpfers. Weil nach wie vor „in dieser Welt" Leiden, Übel und Tod herrschen, steht die Erlösung noch immer bevor. Zugleich aber ist sie hier und jetzt schon gegenwärtig, weil, wenn auch verborgen in der Wirklichkeit der Welt, das eigentliche Erlösungswerk schon vollbracht ist. Die ständige *Gegenwart* der Erlösung kann der Glaube hier und jetzt erfassen. Die Hoffnung auf Erfüllung am Ende steht nicht mehr allein. In seiner Doppelgestalt der Erlösung – als Vorwegnahme und Gegenwärtigkeit des Heils – ist der Glaube an Christus, den Heiland, stärker als jede mystische Zeitentrücktheit, aber auch als die Zeitbefangenheit jeder innerweltlichen Heilslehre, wobei es keinen Unterschied macht, ob man wie der Marxismus Zeit durch „Geschichte" ersetzt.

Eine so formulierte Christologie läßt sich bis hierhin selbstverständlich auch mit orthodoxen Auffassungen vereinbaren. Hoffnungslos heterodox wird sie jedoch, sobald sie auf den historischen Jesus, der unter Pontius Pilatus gekreuzigt worden ist, verzichtet. Kaum zu bezweifeln ist, daß die neue Vorstellung von Gottes Beziehung zum Menschen im Zusammenhang mit Ereignissen im Leben Jesu entstanden ist. Das geben selbstverständlich alle theologischen Richtungen zu, für die sich das Christentum auf den historischen Jesus gründet. So weit gehen aber auch noch Lehrmeinungen mit, für die allein die Heilsbotschaft der Urkirche Geltung hat. Denn schließlich beruft sich die Urkirche in dieser ihrer Heilsbotschaft auf den historischen Jesus, was allerdings die Möglichkeit nicht ausschließt, daß sie es war, die aus ihm den Christus, den Heiland, gemacht und historische Fakten mit der Heilsbotschaft überlagert hat. Was neue Funde demgegenüber immer ergeben mögen, ich sehe auch für einen induktiven Glauben kaum eine Möglichkeit, sich im Zuge der allgemeinen Relativierungstendenz unserer Zeit allein auf mehr oder weniger gesicherte historische Ereignisse zu stützen. Das heißt, ich bezweifle, daß die Entdeckung des Erlösers als erlösende Gegenwart Gottes in der Welt ausschließlich an die Figur des historischen Jesus geknüpft werden muß. Wenn *dieser* Ausschließlichkeitsanspruch das sein sollte, was mit der vielberufenen Historizität des christlichen Glaubens gemeint ist, so muß man sich eben von einer so ausschließlichen Festlegung trennen können, zugunsten einer größeren ökumenischen Historizität. Eine solche heterodoxe Häresie bedeutet die Relativierung des zweiten und dritten Glaubensartikels und damit die Aufgabe des Ausschließlichkeitsanspruchs der christlichen Überlieferung auf die christliche Heilsbotschaft.

Ich sehe Christus als in Jesus manifest an, nicht aber (was das herausfordernd genaue „unter Pontius Pilatus" im Glaubensartikel und die etwas allzu präzise angegebene Ereigniskonstellation zur Zeit seiner Geburt bei Lukas 3:1–2 glauben machen wollen) als in Jesus historisch gegeben. Mit anderen Worten: die erlösende Gegenwart Gottes in der Welt ist historisch manifest, nicht aber ein für allemal an die historischen Ereignisse fixiert, von denen das Neue Testament berichtet. Ich kann also nicht anders, als mich der Beharrlichkeit, mit der die Evangelisten behaupten, daß die Menschheit nur „in diesem Namen" Jesus Christus erlöst werde, zu widersetzen. Denn in dieser Beharrlichkeit setzen sie die historische Figur mit der erlösenden Gegenwart Gottes gleich. Damit komme ich weiter zu der These, daß Christus, wenngleich er einen „Namen" gehabt hat und also haben kann, mit keinem Namen identisch ist – ein Gedanke, der jenen Häresien nahesteht, in denen Christus als Erlöser aller möglichen Welten den historischen Jesus fast verdrängt. So weit möchte ich mich jedoch nicht von der Geschichte entfernen, zumal ich den diesen Häresien (gemeint sind selbstverständlich vor allem die gnostischen) meistens eigentümlichen Pessimismus nicht teile.

Aus den bisherigen Überlegungen folgt, daß Gemeinden, in denen Christus manifest wird, weder auf einen „Namen" noch auf eine Überlieferung festgelegt werden dürfen, wobei er in der einen Gemeinde mehr, in der anderen weniger manifest sein mag. Das Argument, eine „Gemeinde" stehe seit einem gewissen Zeitpunkt der Vergangenheit in direkter Nachfolge, ist kein Beweis für seine erlösende Gegenwart. Nur wenn eine Gemeinde in ihrer Wirklichkeit Taten vollbringt, die seinen Stempel tragen, d. h. heilende, erlösende Taten, ist er anwesend. Die erlösende Gemeinschaft des Erlösers kann zu jeder Zeit in der Geschichte Wirklichkeit sein. Und wo immer im Leben die Erlösungsgebärden der Liebe, der Hoffnung und des Mitleids vorkommen, ist sie implizit da. Ausdrücklich wird seine Gegenwart, sobald die Erlösungsgebärden des Menschen sich über den Menschen hinaus an Gott, den Schöpfer und den Erlöser, wenden. Dieser mag *auch* „in Jesus" gewesen sein. Aber er ist immer wieder neu gegenwärtig in jeder Imitatio der erlösenden Liebe Christi. Jede Gemeinde, die in dieser Liebe vereint ist, antizipiert hier und jetzt, implizit in ihren Taten oder explizit in ihrer verehrenden Anbetung, die Erfüllung der Erlösung, der die ganze Welt entgegengeht.

Ich bin mir durchaus bewußt, daß ich mit meinem Versuch, von einem induktiven theologischen Standpunkt aus eine bestimmte Tradition anzugehen, wild nach links und rechts um mich gehauen und gordische Knoten zerschnitten habe, die in Jahrhunderten theologischer Gehirnarbeit mühsam geknüpft worden sind. Zur Verteidigung oder, wie man neuerdings so schön im Deutschen sagt, zur „Absicherung" jeder einzelnen in den vorangegangenen Kapiteln aufgestellten Behauptung müßte ich je ein Buch schreiben, das mindestens so lang wäre wie dieses. Ich bekenne mich der „schrecklichen Vereinfachung" schuldig. Könnte es aber nicht sein, daß in der Theologie eine gewisse Vereinfachung längst überfällig wäre? Allerdings setze ich dabei meine Hoffnung nicht auf die Vereinfachung als Ignoranz, sondern als Anstrengung, zu den Grundfragen zu gelangen. Schließlich hat man sich von so manchem geistigen Ballast nur befreien können, wenn man bereit war, jahrhundertelang üppig wuchernde Denkverflechtungen wieder zu übersichtlicher Einfachheit zurückzubringen.

5. Begräbnis in Kalkutta

Wie in anderen Dritte-Welt-Ländern sind Begräbnisse in Indien Teil des alltäglichen Lebens auf der Straße, wie es das in Amerika seit langem nicht mehr gibt. Fast wäre ich eines Tages in Kalkutta buchstäblich in ein solches Begräbnis hineingelaufen. Plötzlich stand ich mitten in einer Prozession und wußte gar nicht, in was ich hineingeraten war, bis ich den Leichnam auf einer mit Blumen bedeckten Bahre liegen sah. Eine kleine Gruppe von Menschen folgte der Bahre bis zur Verbrennung auf dem Platz an der Ufertreppe; dabei sangen sie laut und, wie mir schien, inbrünstig. Meine Begegnung mit der Begräbnisprozession war kurz, aber sie hinterließ einen Eindruck, der sich meinem Gedächtnis tief einprägte. (Während meines Aufenthaltes in Indien sah ich später noch weitere Begräbnisse, aber dies war das erste.) Ich war unterwegs, um mich mit jemandem zu treffen, der sich mit dem Dialog zwischen Hindus und Christen befaßt, und wir unterhielten uns eine Zeitlang über Begräbnisse. Er war kaum zu bremsen, als er über das sprach, was für ihn die Schönheit hinduistischer Begräbnisse ausmacht, und er begann, erst in Sanskrit, dann in Englisch, einen Abschnitt aus dem zweiten Kapitel der Bhagavadgita zu rezitieren, der üblicherweise bei solchen Gelegenheiten gesungen wird.

In den Zimmern besserer Hotels in Indien findet man nicht nur eine Gideon-Bibel, sondern auch eine englische Version der Gita. Als ich daher in mein Hotel zurückkehrte, las ich diesen Abschnitt nach. Ich hatte ihn bereits zu einem früheren Zeitpunkt gelesen, aber bisher nicht seinen „Sitz im Leben" des zeitgenössischen Hinduismus gekannt. In der Übersetzung von Swami Nikhilananda lautet diese Passage wie folgt:

„Ebenso wie eine Person abgetragene Kleider wegwirft und andere, neue, anzieht, so streift auch das wahre Selbst, das körperliche Gestalt angenommen hat, verbrauchte Körper ab und tritt in andere, neue, ein. Waffen zerschneiden Es nicht; Flammen verbrennen Es nicht; Wasser weicht nicht auf; Winde trocknen Es nicht aus. Das wahre Selbst kann weder zerschnitten werden noch verbrannt, noch durchnäßt, noch ausgetrocknet. Ewig, alles durchdringend, unveränderlich, unbeweglich, das wahre Selbst bleibt sich immer gleich. Vom wahren Selbst wird gesagt, daß es unerkennbar sei, unverstehbar, unwandelbar. Wenn du daher weißt, daß es sich damit so verhält, sollst du nicht bekümmert sein."

Die letzte Zeile verbindet die Metaphysik des wahren Selbst mit dem Trost, den diejenigen suchen, die einen bestimmten Leichnam, der verbrannt werden soll, beklagen.

„Wenn du daher weißt, daß es sich damit so verhält, sollst du nicht bekümmert sein." In seinem bedeutenden Werk *The Vedic Experience* übersetzt Raimundo Panikkar diese Zeile mit: „Wenn du ihn als solchen erkennst, sollst du daher nicht betrübt sein." Und in einer Fußnote fügt er hinzu: „Du sollst nicht bekümmert sein, nicht klagen, trauern, dich sorgen." Die Tatsache, daß Nikhilananda vom wahren Selbst als „Es" spricht und Panikkar als „er", ist im Kontext des hinduistischen Theodizee-Verständnisses selbstverständlich nicht ohne Bedeutung.

Fanden diejenigen, die in den Straßen von Kalkutta hinter dem Leichnam hergingen, Trost? Ich weiß es nicht. Ich hoffe es. Nachdem ich den Abschnitt in meinem Hotelzimmer gelesen hatte, beschloß ich jedenfalls, daß ich *nicht* getröstet wäre. Genauer gesagt: Selbst wenn ich dieser Metaphysik Glauben schenken würde, wäre das „daher", das die Erleichterung verschaffen soll, für mich inakzeptabel. Warum?

Als ich darüber nachdachte, kam mir ein einziges Wort aus dem griechischen Neuen Testament in den Sinn: *ephapax* oder „ein für allemal". Das Wort findet sich mehrfach im Paulusbrief an die Hebräer und bezieht sich auf das Erlösungswerk Christi. In diesem Augenblick interessierte mich aber nicht der christologische Bezug, sondern eher der allgemeine Bezug zu dem, was man, so meine ich, das spezifisch jüdisch-christliche Verständnis vom Leben nennen könnte, das Verständnis von der dramatischen, alles entscheidenden Bedeutung *dieses* Körpers, *dieses* Lebens, *dieser* Welt. Folglich war es genau dieses Verständnis vom Leben, das die jüdische religiöse Tradition zum Glauben an die Auferstehung trieb, ein Glaube, der das physische Sein ebenso ernst nimmt wie die individuelle Besonderheit der Person.

Wenn meine Reaktion auf das Begräbnis in Kalkutta einfach nur die Tatsache bestätigt hätte, daß ich ein westlich geprägter Mensch bin, ausgestattet mit über Jahrhunderte einer jüdisch-christlichen Zivilisation hinweg geformten Empfindungen, so würde es sich kaum lohnen, darüber weitere Worte zu verlieren. Wenn uns die modernen Fächer wie Geschichte und die Sozialwissenschaften eines gelernt haben, dann ist es die Relativität der Weltbilder. Sich selbst in einem Hotel in Kalkutta als einen westlich geprägten Menschen entdecken mag eine interessante persönliche Erfahrung sein, neue theoretische Fragestellungen ergeben sich aufgrund dessen aber nicht. Auf andere Weise wird diese Angelegenheit jedoch in dem Moment interessant, wenn man – allgemein gesprochen – von der Wissenssoziologie zur Wahrheitsfrage kommt. Gehen wir einmal davon aus, daß ein durch die jüdisch-christliche Kultur geprägter Mensch die Welt anders wahrnimmt als jemand, der als Hindu erzogen wurde, und daß diese unterschiedlichen Wahrnehmungen bis in das emotionale Innerste einer Person reichen, das bei jeder ernsthaften Begegnung mit dem Tod angesprochen wird. Gehen wir ferner davon aus, daß Historiker und Sozialwissenschaftler (und, wenn Sie wollen, auch Philosophen und Psychologen) in der Lage sind, uns erschöpfend zu erklären, warum dies so ist und wie es dazu kam. Es bleibt dennoch die Frage: Welche von diesen beiden Weisen, „in der Welt zu sein", ist die richtige? Was ist die Wahrheit?

Zum erstenmal reiste ich nach Indien, kurz nachdem ich die Arbeit an meinem Buch *Der Zwang zur Häresie* beendet hatte. Das

Buch endete nicht zufällig mit der Bemerkung, daß sich zwischen den religiösen Traditionen, die aus dem westlichen Asien hervorgegangen sind, und denen, die ihre Wurzeln auf dem indischen Subkontinent haben, eine große Auseinandersetzung abzeichne. Ich wies darin hatte auch darauf hin, daß dieser Streit, den ich als den Gegensatz zwischen den symbolischen Zentren Jerusalem und Benares beschrieb, für die christliche Theologie von entscheidender Bedeutung sein dürfte. Jemand nannte das Reisen einmal eine Krücke für diejenigen, deren Phantasie ansonsten nicht ausreicht. Diese Bemerkung mag etwas übertrieben sein, aber ich bin mir recht sicher, daß das Herumjetten um den Planeten, selbst wenn längere Zwischenstops eingelegt werden, keine notwendige Voraussetzung dafür ist, um sich mit fremden Weltbildern und Traditionen vertraut zu machen. Dennoch scheint gerade die physische Begegnung mit Indien für viele eine ganz besondere Qualität zu besitzen, vor allem für jene mit einem eigenen religiösen Erwartungshorizont. Auch ich war mit einem solchen Erwartungshorizont gekommen, und die Begegnung hatte für mich sicher eine besondere Qualität, und zwar eine von großer Intensität.

Viele westliche Menschen reagieren auf Indien mit Abscheu. In den meisten Fällen hat dies meiner Beobachtung nach mit dem massiven Elend zu tun, das einem in diesem Land auf Schritt und Tritt begegnet. Auch ich war bestürzt über manches, was ich sah (gerade Kalkutta wird seinem zweifelhaften Ruf in dieser Hinsicht mehr als gerecht), andererseits habe ich ähnliches Elend auch in Südostasien gesehen, in Afrika und in Lateinamerika. Was immer man für die Ursachen dieses Elends und mögliche Heilmittel dagegen halten mag (als Soziologe habe ich mir in bezug auf beides eine Meinung gebildet), den indischen religiösen Traditionen die Schuld dafür zu geben ist unangemessen. Andere westliche Zeitgenossen erhoffen sich von einer Indienreise religiöse und philosophische Erleuchtung, kommen in der Hoffnung, hier einige entscheidende Einsichten in bezug auf die Erlösung zu finden. Beides traf in meinem Fall nicht zu; ich erhoffe mir an ausgefallenen Orten keine Erlösungserfahrungen, und ich suche keinen neuen Glauben, um mich zu ihm bekehren zu lassen. Die physische Begegnung mit Indien bestätigte mich jedoch emotional und existentiell zutiefst in dem, von dem ich zuvor bereits rational überzeugt war: *Wir haben es hier mit der wichtigsten Alternative zu dem – religiös und sonstwie verstandenen – Lebenssinn zu tun, wie er uns in kollektiven Erfahrungen des alten Israel und des alten Griechenland überliefert ist. Und diese Alternative besteht nicht nur im Sinne einer theoretischen Möglichkeit. Sie betrifft mich existentiell und elementar. Sie ist überaus ernst zu nehmen.*

In meinem ersten Brief, den ich nach meiner Ankunft in Indien nach Hause schickte, stellte ich diese Reaktion zusammenfassend dar. Ich hätte das Gefühl, so schrieb ich, als ob Indien auf mich gewartet habe. Jetzt möchte ich hinzufügen: Indien wartet auf uns alle. Aber was bedeutet das?

Natürlich ist es trügerisch, den Westen und Indien – oder Jerusalem und Benares, wenn Sie wollen – fein säuberlich antithetisch einander gegenüberzustellen. In beiden Fällen haben wir es mit außerordentlich komplexen und bunten Zivilisationen zu tun, und im Laufe ihrer Geschichte haben beide sich oft genug einander gegenseitig beeinflußt. Dennoch ist es wichtig, die großen Unterschiede im Verständnis von Leben, Tod und menschlichem Schicksal nicht zu übersehen, die den Theodizeevorstellungen der Gita und der jüdisch-christlichen Auferstehungshoffnung zugrunde liegen. Sicherlich ist das keine neue Entdeckung. Immer und immer wieder kam es auf beiden Seiten zu dem, was in der Wissenssoziologie „Nihilierung" genannt wird – d. h. theoretische Verfahren, mit deren Hilfe alternative Deutungen von Wirklichkeit liquidiert, verdrängt oder für null und nichtig erklärt werden. Wie Hinduisten und Buddhisten gerne betonen, besitzen die monotheistischen Religonen, vor allem Christentum und Islam, eine lange Geschichte der Anathemisierung alternativer Modelle religiöser Erfahrung und religiösen Denkens. Die religiösen Traditionen Indiens haben andererseits ihre eigenen Methoden der Nihilierung, möglicherweise subtilere, aber deswegen nicht weni-

ger intolerante – etwa wenn christliche oder muslimische Frömmigkeit einem kindlichen Stadium innerhalb der Evolution der
Religion zugeordnet werden.

Für den Religionshistoriker, -phänomenologen oder -soziolo-
gen ist die Nihilierung ein faszinierender Forschungsgegenstand.
Den Theologen interessiert sie weniger – und das gilt im Grunde
für jeden, der sich ernsthaft mit der Wahrheitsfrage befaßt. Mir
will einfach nicht in den Sinn, daß Jahrtausende menschlicher Erfahrung und Reflexion unter die Kategorie des Irrtums fallen sollen, ganz gleich, ob dies nun in den scharfen Denkkategorien des
christlichen oder muslimischen Dogmas geschieht oder in der alles in sich aufnehmenden Umarmung hinduistischer und buddhistischer Soteriologie. Sobald die Nihilierungsoption verworfen
wird, tut sich jedoch eine außerordentlich herausfordernde Fragestellung auf: Wenn sich die Erfahrungen in diesen beiden Welten
wirklich in so hohem Maße voneinander unterscheiden, wie
kann man dennoch beide als Wahrheit verstehen?

Das letzte, das mir in dem Zusammenhang vorschwebt, ist, das
muß klar gesagt werden, eine Art von Synkretismus, einen kleinsten gemeinsamen Nenner, eine Art von Schmuse-Theologie, in
der alles Kantige abgeschliffen würde. Ich bin im Gegenteil davon
überzeugt, daß die scharfen Widersprüche zwischen den unterschiedlichen religiösen Einstellungen so klar wie eben möglich be-
nannt und durchdacht werden müssen – jedoch immer in der
Perspektive auf eine bisher noch unvorstellbare Transzendierung
hin. Diese Perspektive ist allerdings in sich bereits ein Glaubensakt. Er ergibt sich, notwendigerweise aus der Überzeugung, daß
der Gott, den wir kennen, ein Gott der Wahrheit ist. Genau diese
Überzeugung war es auch, die es der christlichen Theologie er-
laubte, sich in der Patristik und ein weiteres Mal in der mittelal-
terlichen Scholastik dem Risiko einer kritischen Prüfung durch
die griechische Philosophie auszusetzen und dabei einen hohen
Grad an Verletzlichkeit in Kauf zu nehmen. Eine ähnliche Überzeugung machte es möglich, daß, vor allem im Protestantismus,
der Geist des Christentums und die relativierende Kraft der mo-

dernen, philosophischen und sozialwissenschaftlichen Analyse miteinander ins Gespräch kamen. Die Risiken im Streit mit Benares sind groß, die Erwartungen daran aber nicht geringer.

Wie dieser Streit ausgehen wird, können wir nicht wissen. Würde man den Ausgang kennen, wäre es kein wirklicher Streit (ähnlich den sogenannten Disputationen mit Juden, wie sie im Mittelalter von christlichen Autoritäten veranstaltet wurden, deren Ergebnis im voraus ausdrücklich festgelegt wurde). Ich kann daher nicht sagen, wie die Wahrheitsfrage beantwortet werden wird, die Gegenstand des Gespräches zwischen Jerusalem und Benares ist. Aber ich habe einige Vorstellungen davon, wie die Fragestellung aussehen sollte.

In dem eben zitierten Textabschnitt aus der Gita wird die Frage nach der Reinkarnation gestellt. Seit Origenes wurde innerhalb der christlichen Theologie diese Frage auf die lange Bank geschoben. Kann die Kosmologie der Samsara auf irgendeine Weise, sei es in ihrer hinduistischen oder buddhistischen Version, in die jüdisch-christliche Erfahrung von Schöpfung und menschlichem Schicksal eingebaut werden? Dann stellt sich erneut die Frage nach dem Monotheismus und der Einzigartigkeit der Offenbarung. Muß die Erfahrung von Gott als dem Einen – die Erfahrung von Mose auf dem Sinai und, in seiner denkbar schärfsten Form, von Muhammed auf dem Berg Hira – rigoros alle anderen Hierophanien ausschließen? Oder anders ausgedrückt, ist – vom Standpunkt Jerusalems aus gesehen – über die 300 000 hinduistischen Götter nichts anderes zu sagen, als daß es sich um Götzen handelt? Die Erfahrung des einen Gottes ist für Christen unauslöschlich verbunden mit der Person Jesu Christi, einer Person von geradezu skandalöser Geschichtlichkeit. Werden wir je sagen können, daß Gott, der uns in Jesus Christus erschienen ist, auch in anderen Personen inkarniert war? Mit anderen Worten: Wo liegen die Grenzen des Logos? Das ist die Frage, der Raimundo Panikkar seit seinem frühen Werk *The unknown Christ of Hinduism* leidenschaftlich nachgegangen ist. Und dann ist da die Frage nach der Natur. Wir wissen, wie und warum das alte Israel die Natur-

140

kulte der benachbarten nahöstlichen Zivilisationen vehement bekämpfte, und wir mögen sogar der Ansicht sein, daß sich diese Haltung aus der Gotteserfahrung Israels notwendig ergab. Aber gilt dies auch heute noch? Handelt es sich dabei um einen notwendigen Zusammenhang, der keinerlei zeitlichem Wandel unterworfen ist? Wenn wir den Pilgern in Benares zuschauen, wie sie mit Liedern und Blumen zum Ganges strömen, stellt sich die Frage: Können wir jüdischen und christlichen Kinder Israels keinen Anteil haben an dieser Erfahrung des heiligen Flusses, der uns mit der Welt, den Göttern und allen Lebewesen verbindet? Müssen wir einfach „nein" sagen? Oder könnte es doch sein, daß die Angelegenheit zwischen Elija und den Baal-Priestern – viele Jahrhunderte nach jenem Tag voller Gewalt auf dem Berg Karmel – irgendwie neu verhandelt werden muß?

Unweit von Benares liegt Sarnath, wo Buddha mit seiner Predigtmission begann. Dort befindet sich eine alte Stupa, die an dieses Ereignis erinnert, und an der angeblichen, der in den buddhistischen Schriften erwähnten, Stelle im Deer Park gibt es mehrere Klöster, die von Mönchen aus verschiedenen asiatischen Ländern bewohnt werden. Es herrscht an diesem Ort eine große Ruhe, die nach dem Lärm der Menschenmassen in Benares um so spürbarer ist. Den Streit zwischen Jerusalem und Benares empfand ich an diesem Ort am bedrängendsten, ein Ort, der wohl den Höhepunkt indischer Spiritualität darstellt. Wo immer man hinblickt, sieht man Buddhas, in Stein gehauen oder aus Gold, wie sie in zeitloser Ruhe im Lotossitz verharren. Die Körperhaltung ist Ausdruck religiöser Innerlichkeit, die, so scheint es, auf die ältesten Zivilisationen Indiens zurückgeht – Skulpturen von Männern im Lotossitz wurden auch an den präarianischen Ausgrabungsstätten im Indus-Tal gefunden. Bei allem Respekt für vermittelnde Formen religiöser Erfahrung – diese Innerlichkeit hebt sich deutlich ab von den stärker konfrontationsbetonten Begegnungen im westlichen Asien: Mose vor dem brennenden Dornbusch, Paulus auf der Straße nach Damaskus, Muhammed in der Nacht von Qadr. Die Frage könnte so lauten: Wäre Mose für uns im Lotossitz vorstellbar, während Gott zu ihm aus dem brennenden Dornbusch spricht? Oder könnte der Herr Buddha die Tora erhalten haben, als er unter dem Bodhi-Baum saß? Und sollten beide Antworten negativ ausfallen: Warum ist das so?

Ich fordere keinerlei Priorität für Fragen dieser Art. Mir scheint aber, daß die Probleme, mit denen jüdisch-christliches Denken sich in der Begegnung mit Indien befassen muß, im Gegensatz von Innerlichkeit und Konfrontation enthalten sind. Das Arbeitsgebiet der komparativen Mystik ist insofern von größter Bedeutung; die neuere Arbeit von William Johnston (etwa in seinem jüngsten Buch *The Inner Eye of Love* mit dem provokativen Vergleich von buddhistischer *Shunyata* und christlicher *Kenosis*) finde ich in dieser Hinsicht recht hilfreich. Aber die vergleichende Mystik allein kann das Problem nicht lösen, da gerade auch die nicht-mystischen Formen religiöser Erfahrung diese Auseinandersetzung prägen. Im übrigen glaube ich, daß keine auch noch so gebildete Einzelperson in dieser Sache allein sonderlich vorankommt. Wir bräuchten Gruppen von Leuten mit unterschiedlicher religiöser Bindung und mit unterschiedlicher wissenschaftlicher Fachkompetenz, die zur Lösung dieser Fragen für jeweils eine längere Zeit zusammenkommen.

Das einzige Mal, daß ich während meines Aufenthaltes in Indien an einem protestantischen Gottesdienst teilnahm, war in Bangalore (wo ich das *Christian Institute for the Study of Religion and Society* besuchte, einen der fruchtbarsten Orte für den hinduistisch-christlichen Dialog). Der Gottesdienst fand in einer alten anglikanischen Kirche statt, die heute zur *Church of South India* gehört und in der Nähe eines Militärlagers liegt; gleich gegenüber befindet sich eine Statue von Königin Victoria. Rund um die Kirche waren Gedenktafeln angebracht, die an dieses oder jenes Ereignis (zumeist Todesfälle) aus den Tagen der britischen Kolonialherrschaft erinnerten; ich saß in der Nähe von einer solchen Tafel, auf der eines jungen Offiziers gedacht wurde, der – offenbar an einer Krankheit – in den zwanziger Jahren starb. Der Gottesdienst wurde in englischer Sprache abgehalten, Grundlage war das von der *Church of South India* modifizierte *Book of Common Prayer*. Die Gottesdienstgemeinde, die in diesem Gebäude den Gott der Briten verehrte, setzte sich fast ausschließlich aus Indern zusammen. Mich beeindruckte die Tatsache, daß viele Leute ihre Schuhe auszogen und barfuß nach vorne gingen, um die Kommunion zu empfangen. Ich überlegte, daß die Bedeutung dieser Geste nicht im westlichen Bußgedanken zu suchen ist, sondern – interessanter noch – daher rührt, daß Inder zu Hause normalerweise ihre Schuhe ausziehen. Diese Versammlung von indischen Christen fühlte sich ganz und gar zu Hause in dieser Umgebung, die einem Außenstehenden wie ein merkwürdiges kulturelles Transplantat vorkam. Einen wirklichen Schock bedeutete für mich indes die Lesung aus dem Neuen Testament: Es war die Geschichte von der Heilung des Dieners des Hauptmanns von Kafarnaum durch Jesus.

Der Schock war eher soziologischer denn theologischer Natur. Mir schien, als würde gerade zu diesem Zeitpunkt eine Versammlung von Dienern des Hauptmanns abgehalten, lange nach dessen Fortgang; dies war eine durchaus treffende und keineswegs abschätzige Art, den Protestantismus in Indien zu charakterisieren. Dieselbe Beschreibung trifft im weiteren Sinn auf das ganze asiatische Christentum zu – es ist ein Nachfahre des westlichen Imperialismus, der nunmehr, nach dem Ende des Empire, mit mehr oder weniger Anpassung überlebt. Das Christentum hat das Bewußtsein Asiens tief beeinflußt – sowohl direkt in religiöser Form (da braucht man nur an Gandhi zu denken) als auch indirekt über den Weg der Modernisierung (die von ihren Wurzeln her ein westliches und somit ein christliches Phänomen ist). Es zeichnet sich ab, daß Asien sich anschickt, dieses Geschenk zu erwidern.

Richard Taylor, ein Mitarbeiter des Bangalore Institute, hat ein schönes kleines Buch geschrieben mit dem Titel *Jesus in Indian Paintings*. Mir gefallen vor allem die Bilder der Mogulkunst, die von einer überraschenden kulturellen und religiösen Offenheit dieser Periode in der Geschichte des Islams in Indien zeugt. Hier finden sich die bekannten Szenen der christlichen Hagiographie – die Heilige Familie, das Letzte Abendmahl, die Passion – und aus jedem dieser Bilder blickt uns Jesus in Personen an, wie sie muslimischer Vorstellungskraft entspringen. Es ist eine verwirrende Erfahrung dessen, was Brecht für das Theater „Verfremdung" nennt – das Vertraute wirkt neuartig, wenn man es in fremdartigen Formen dargestellt findet. Was sich gegenwärtig abspielt, ist möglicherweise ein noch verwirrenderer Hinweis auf diesen Prozeß interkultureller Veränderung. Die indischen Götter und Bodhisattvas tauchen inzwischen, unvertraut, wie sie den meisten von uns sind, in westlichen Städten und Universitäten auf. Wird es uns möglich sein, unter diesen fremden Gestalten ein uns vertrautes Gesicht auszumachen? Wo liegen die Grenzen des Logos?

6. Von der Säkularität zu den Weltreligionen

Aufgefordert werden zu erzählen, wie sich die eigenen Ansichten über einen Zeitraum von zehn Jahren hinweg verändert haben, kommt einer Einladung zum Narzißmus gleich. Eine solche Einladung annehmen könnte den Anschein erwecken, als sei man von seiner eigenen Bedeutung sehr überzeugt. Mein unverbesserlich lutherisches Gespür sagt mir, daß ein solches Verhalten sündhaft ist, und mein noch unverbesserlicherer Sinn für alles Komische, daß es lächerlich ist. Wenn ich diese Einladung – nach einem anfänglichen Zögern – dennoch annahm, dann deshalb, weil ich meine Ansichten trotz aller Weitschweifigkeit nicht für so ungewöhnlich halte, als daß sie nicht doch auch von allgemeinem Nutzen sein könnten. Meine Erfahrungen der letzten zehn Jahre sind im großen und ganzen überall nachlesbar, und mir scheint, daß die meisten meiner Schlußfolgerungen von jedem nachvollzogen werden können.

1969 wurde mein Buch *Auf den Spuren der Engel* veröffentlicht, 1979 *Der Zwang zur Häresie.* Der größte Teil meiner Arbeit als Soziologe befaßte sich nicht unmittelbar mit Religion, sondern mit Modernisierung, der Entwicklung der Dritten Welt sowie mit der Frage, die mich im Zusammenhang mit der Dritten Welt zuallererst beschäftigte, wie sich soziologische Einsichten in politische Strategien übertragen lassen, die die elementaren Bedürfnisse der Menschen berücksichtigen. Unterdessen zeigte sich, daß meine Ausflüge in die Soziologie nicht ohne Einfluß blieben auf mein Denken in bezug auf die Religion.

Fragte man mich nach der für mich wichtigsten Erfahrung auf dem Weg von dem einen zu dem anderen Buch, müßte ich die

Dritte Welt nennen. In den 60er Jahren befaßte ich mich mit der Frage der Säkularität; *Auf den Spuren der Engel* war der Versuch, eine sich selbst überschätzende Säkularität von innen heraus zu überwinden. Die Dritte Welt lehrte mich, wie ethnozentriert diese Blickrichtung war. Säkularisierung ist heute zwar ein weltweites Phänomen, aber sie spielt in Nordamerika und Europa eine sehr viel größere Rolle als irgendwo sonst. Eine globalere Perspektive führt unweigerlich zu einer differenzierteren Sicht der Dinge. Die Dritte Welt beeindruckt gerade wegen der enormen gesellschaftlichen Kraft, die die Religion darstellt. Dieser Eindruck war es möglicherweise auch, der mich zu der Schlußfolgerung veranlaßte – nachzulesen in *Der Zwang zur Häresie* –, daß einer neuen Auseinandersetzung mit den anderen Weltreligionen in der christlichen Theologie hohe Priorität eingeräumt werden sollte.

Mein eigenes Denken veränderte sich in dieser Zeit nicht sonderlich. Die Probleme, mit denen ich mich befaßte, verlagerten sich erheblich, meine grundlegenden religiösen und politischen Überzeugungen blieben aber im wesentlichen dieselben. Soweit sich meine Ansichten überhaupt veränderten, orientierte ich mich theologisch weiter nach links, politisch weiter nach rechts. Einige meiner Freunde und Bekannten verwirrte und enttäuschte ich damit. Für beide Veränderungen war wiederum die Dritte Welt von ausschlaggebender Bedeutung. Sie ermöglichte mir den empirischen Zugang zur unerhörten Vielfalt menschlicher Religion, und dies machte es mir unmöglich – ein für alle Mal – auf die jüdisch-christliche Tradition allein ethnozentrisch fixiert zu bleiben. In den 50er und 60er Jahren veränderte sich mein Denken in bezug auf die Religion radikaler (in der Rückschau, so scheint mir, vor allem unter dem Einfluß der Tatsache, Amerika im Anschluß an jede Epoche erlebt zu haben, die *John Murray Cuddihi* die Zeit der „europäischen Fanatismen" genannt hat), indem ich mich von den neo-orthodoxen Ansichten meiner Jugendzeit verabschiedete und schließlich feststellte, mit meinem Denken am besten in der Tradition des protestantischen Liberalismus aufgehoben zu sein. Die persönliche wie auch geistige Begegnung mit der Dritten Welt aber gab diesem Liberalismus ein Betätigungsfeld, von dem ich früher nichts ahnte.

Das Elend der Menschen in der Dritten Welt, Armut und Unterdrückung, hat mich so erschüttert, wie es nur irgend jemanden, der ein angenehmes Leben im Westen führt, erschüttern kann, und ich war überzeugt – und bin es auch heute noch – von der großen Dringlichkeit, hier für Abhilfe zu sorgen. Meine Versuche jedoch, die Ursachen für dieses Elend herauszufinden und plausible Strategien für dessen Überwindung zu entwickeln, haben mich von der großen Torheit jener vermeintlichen Lösungen überzeugt, die von der politischen Linken dazu angeboten wurden. Diese Einsicht besagte zwar für die Theologie noch nichts, aber sie verhinderte, daß ich den manchmal beliebten Weg einschlug und eine Theologie betrieb, die die leeren Parolen dieser oder jener Marxismusspielart mit christlicher Terminologie taufte.

Zu Beginn und am Ende der Dekade, von der hier die Rede sein soll, unternahm ich Reisen nach Rom. 1969 organisierte und leitete ich im Auftrag des vatikanischen Sekretariates für die Nichtglaubenden eine Konferenz. Es war ein faszinierendes Ereignis, vor allem wegen der Kontakte zwischen dem kirchlichen Establishment in Rom und einer wilden Auswahl von Wissenschaftlern, allesamt Fachleute auf dem Gebiet der Säkularisierungsthematik. (Die Referate und Ergebnisse der Konferenz wurden anschließend unter dem treffenden Titel „The culture of unbelief" als Buch veröffentlicht.)

Einen Vorfall bei dieser Konferenz, am Rande einer Party, vergesse ich nicht. Ein führender Christdemokrat, sehr irritiert, fragte einen Monsignore vom Sekretariat für die Nichtglaubenden, mit welchem Thema die Konferenz sich befasse. „Mit der Säkularisierung", antwortete der Monsignore. „Säkularisierung", wiederholte der Politiker und fragte: „Was ist denn das?" Der Monsignore versuchte erst gar nicht, der Frage auszuweichen, und gab eine durchaus angemessene Zehn-Minuten-Zusammenfassung. Der mürrische alte Herr der Democrazia Cristiana hörte aufmerksam zu, hob schließlich seine Hand und sagte mit fester Stimme: „Wir werden das nicht zulassen." Damals kam mir dieser Ausspruch eher merkwürdig vor. Wenige Wochen später reiste ich auf Einladung von *Ivan Illich* nach Mexiko, eine Reise, die entscheidend dafür werden sollte, daß ich mein Augenmerk verstärkt auf die Dritte Welt richtete. Ich erinnere mich genau, wie ich Illich diese Geschichte erzählte. Er lachte, fand sie aber keineswegs so komisch wie ich. Illich hat oft recht (oft, nicht immer). In diesem Fall zeigt die Tatsache, daß er die Idee vom Verbot der Säkularisierung weniger empörend fand als ich, seine Weisheit.

1979 hielt ich mich in Rom genau zu dem Zeitpunkt auf, als die iranische Revolution ausbrach. Ich verfolgte die Ereignisse im italienischen Fernsehen mit einiger Nervosität, da ich via Teheran nach Indien fliegen wollte. Ich sah die riesigen Massen von Khomeini-Anhängern, die so unüberschaubar waren, als würden sie bis an den Horizont reichen. Die Menschen sangen unentwegt ihr „Allahu akbar!" – „Gott ist groß". Ich mußte an jene Bemerkung über die Säkularisierung denken, die ich zehn Jahre zuvor gehört hatte, und sie kam mir alles andere als komisch vor. Was Khomeini vorschwebte, war nichts anderes als ein dramatisches Verbot der Säkularisierung, und wie auch immer die Revolution ausgehen wird, man wird einräumen müssen, daß ihm dies einigermaßen gelang. In der gesamten islamischen Welt, vom Atlantischen Ozean bis zum Chinesischen Meer, ist es die Religion, die jede Art von Säkularität (einschließlich der marxistischen) auf militante Weise herausfordert – und keineswegs umgekehrt.

Das Durcheinander im Iran zwang mich jedenfalls, meine Reisepläne zu ändern und auf direktem Weg nach Indien zu fliegen. Es war meine erste Reise in dieses Land und obendrein eine, die mich tiefer als je zuvor in eine nicht-westliche religiöse Kultur eintauchen ließ. Und wenn der Hinduismus auch – aus mancherlei Gründen – nicht die gleiche Dynamik entwickelt wie der zeitgenössische Islam, so verhält er sich dennoch zweifellos nicht so, wie es die Säkularisierungsthese, wie ich sie in den 60er Jahren vertrat, nahelegen würde.

Meine Begegnung mit der Dritten Welt ist nicht der einzige Grund dafür, daß ich meine frühere Vorstellung von der Säkularisierung modifizierte. Die Zeichen für ein Wiederaufleben von Religion in Nordamerika sind unübersehbar. Ebenso das bedeutsame Wiedererwachen der Religion wenigstens in bestimmten Teilen der sowjetischen Gesellschaft, und dies trotz eines halben Jahrhunderts an entschlossener und ausgeklügelter Repression. Das heißt nicht, wie manche dies meinten, daß die Säkularisierungstheorie schlicht falsch war. Aber es läßt sich inzwischen sagen, daß sowohl das Ausmaß als auch die Unausweichlichkeit der Säkularisierung, selbst in Europa und Nordamerika, erst recht aber in anderen Teilen der Welt, überschätzt wurden. Für sich genommen ist dies nicht mehr als die Revision einer soziologischen These unter dem Druck empirischer Fakten – und insofern theologisch neutral. Andererseits zeigt es sich inzwischen, daß das Problem der Säkularität für die Christen nicht von so großer Bedeutung ist, wie viele es gewohnt waren anzunehmen. Schließlich ist es *eine* Sache, in einen geistigen Streit um ein Phänomen einzutreten, von dem viele glauben, daß ihm die Zukunft gehört, etwas ganz anderes aber, dasselbe mit einer jener vielen, gegenwärtig anzutreffenden kulturellen Strömungen zu tun.

In soziologischer Sicht bildet das Phänomen der Säkularisierung einen wesentlichen Bestandteil eines breiteren Prozesses – dem der Modernisierung. Im Kontext der christlichen Theologie war der Dialog mit der Säkularität (bzw. mit der Geisteshaltung, die aus der Säkularisierung resultiert) im wesentlichen identisch mit dem Dialog mit der Moderne bzw. mit dem vielzitierten „modernen Menschen", den *Rudolf Bultmann* und andere für unfähig hielten, die Weltsicht des Neuen Testaments zu teilen. Um es soziologisch auszudrücken: es bestehen gute Gründe für die Annahme, daß die Modernität, und darin ist moderne Säkularität miteingeschlossen, sich gegenwärtig in einer gewissen Krise befindet. In der Dritten Welt wurde mir klar, daß Modernisierung kein unilinearer und unausweichlicher Prozeß ist. Von Anfang an handelt es sich dabei vielmehr um einen Prozeß, in dem fortlaufend auf Modernisierung dringende und der Modernisierung entgegenwirkende Kräfte – letztere könnte man mit dem Stichwort „Antimodernisierung" bezeichnen – miteinander interagieren. Dasselbe gilt für die Säkularisierung – auch sie interagiert ständig mit Kräften, die gegen sie arbeiten. Ohne diesen Interaktionsprozeß nun im Detail dazustellen – es genügt der Hinweis, daß Antimodernisierung und Antisäkularisierung nicht nur in der Dritten Welt zu beobachten sind, sondern auch in sogenannten fortgeschrittenen Industriegesellschaften, und zwar sowohl in in deren kapitalistischen als auch sozialistischen Version.

Dies alles legt einen Wechsel unter den theologischen Prioritäten nahe: weg von dem vielgerühmten Sich-Einlassen auf das moderne Bewußtsein und dessen theoretischen Produkten. Das bedeutet selbstredend nicht, daß nicht manche dieser Produkte weiterhin Herausforderungen an die Theologie darstellen. Dies dürfte vor allem für die bedeutendsten Produkte der Moderne gelten, die Entwicklungen in den Naturwissenschaften. Außerdem ist es offensichtlich, daß – jenseits aller Theorien und Weltsichten – die moderne Situation uns weiterhin vor ethische Probleme von größter Bedeutung stellt – aber das ist eben nicht das, was man unter dem Dialog mit dem „modernen Menschen" verstand. Wenn ich betone, daß modernes Bewußtsein nicht so von Interesse ist, wie manche dies dachten (bzw. nicht so interessant, wie es dies einmal war – etwa im 19. Jahrhundert, als christliche Theologie sich der Herausforderung durch das moderne historische Denken gegenübersah), nehme ich damit, um hier kein Mißverständnis aufkommen zu lassen, keinen irgndwie gearteten antimodernistischen Standpunkt ein. Daran besteht gegenwärtig kein Mangel (z. B. im radikaleren Teil der Ökologie-Bewegung), und manches davon wirkt zunächst sogar durchaus ansprechend, wenn es auch einer genaueren Prüfung nicht standhält. Das liegt nicht so sehr daran, daß wir die Entwicklung nicht rückgängig machen können (kein Gesetz verbietet uns, die Uhren zurückzudrehen – dies ist möglich, und es wurde auch bereits getan), sondern die menschlichen Kosten einer Entmodernisierung wären horrend hoch.

Bereits in den 60er Jahren, als ich zusammen mit *Thomas Luckmann* darüber nachdachte, wie man der Wissenssoziologie eine neue Grundlage geben könnte, wurde uns klar, daß es sich bei Säkularisierung und Pluralismus um zwei Phänomene handelt, die eng ineinander verzahnt sind. Die grundlegende Einsicht dabei besteht darin, daß subjektive Gewißheit – ob in der Religion oder sonstwo – von der soliden gesellschaftlichen Unterstützung für das abhängt, dessen sich der einzelne Mensch sicher sein will. Umgekehrt gefährdet der Mangel oder die Schwäche gesellschaftlicher Untersützung subjektive Gewißheit – und genau das geschieht, wenn das Individuum mit der Pluralität rivalisierender Weltanschauungen, Normen und Wirklichkeitsdeutungen konfrontiert wird. Ich glaube, daß diese Einsicht weiterhin Gültigkeit besitzt. Dennoch bin ich zunehmend der Auffassung, daß von diesen beiden Phänomenen der Pluralismus von größerer Bedeutung ist als die Säkularisierung. Mit anderen Worten: Die Moderne würde selbst dann eine gewaltige Herausforderung für die Religion bedeuten, wenn sie weit weniger säkularisiert wäre oder werden sollte, als sie es gegenwärtig ist.

Wettbewerb heißt, auswählen zu müssen. Das gilt für den Markt materieller Annehmlichkeiten – dieser Markenartikel oder jener, diese Verbraucher-Alternative oder eine andere. Ob man dies begrüßt oder nicht, der gleiche Zwang zu wählen herrscht auf dem Markt der Weltanschauungen – dieser Glaube bzw. jener Lebensstil oder ein anderer. Ich habe diese entscheidende Folge des Pluralismus den „Zwang zur Häresie" genannt und ich habe in dem Buch mit demselben Titel versucht, verschiedene theologische Antworten auf diese einigermaßen unbequeme Situation zu analysieren. Um es noch einmal zu sagen, ich glaube nicht, daß sich mein Denken in diesem Zusammenhang sehr verändert hat. Wenigstens in zwei Punkten hat es sich jedoch in der Tat geändert: Erstens weiß ich heute sehr viel genauer, warum die theologische Methode (das gilt nicht unbedingt für die Inhalte) des klassischen protestantischen Liberalismus mit ihrer Betonung der Erfahrung und der vernunftgeleiteten Entscheidung die am besten lebbare ist. Und zweitens – auf Grund meiner früher erwähnten Begegnung mit der Dritten Welt – habe ich inzwischen eine viel breitere Vorstellung vom Ausmaß wichtiger persönlich zu treffender Entscheidungen in der Religion.

Als ein Ergebnis dieser Einstellung gegenüber der religiösen Lage und ihren theologischen Möglichkeiten sehe ich mich selbst seit einiger Zeit zwei Fronten gegenüber: In der Auseinandersetzung mit der theologischen Rechten bin ich davon überzeugt, daß jeder Versuch, die alten Gewißheiten wiederherzustellen, so als ob der Zwang zur Häresie einfach ignoriert werden könnte, nicht weiterführt. Daher ist es mir auch unmöglich, die Nähe zu irgendeiner Form von Orthodoxie oder Neoorthodoxie zu suchen. Auf der anderen Seite erscheinen mir die Strategien auf der linken Seite nicht verheißungsvoller zu sein, das Christentum dadurch plausibler machen zu wollen, indem man seinen Inhalt säkularisiert, unabhängig davon, ob diese „Säkularisierung von innen" (einer jener hilfreichen Begriffe von Luckmann) mit den Mitteln der Philosophie, Psychologie oder der politischen Ideologie betrieben wird. All diese Strategien führen letztlich zur Selbstliquidierung, da sie das Unternehmen Religion genau der Plausibilität berauben, die es im Bewußtsein der Menschen immer noch hat. Im übrigen bedeutet dies nicht, daß ich keinerlei Verständnis hätte für die Position der Rechten oder die säkularisierenden Positionen der Linken. Die erste war immerhin die Position meiner Jugendzeit, in Form einer Art von kraftstrotzendem Luthertum, für das einen – wenn sonst schon nichts – wenigstens die Nostalgie für das Mittelalter ein gewisses Verständnis aufbringen läßt. Und was die zweite Position angeht, so kann ich diese nicht mit dem üblichen Hinweis auf „einige meiner besten Freunde" abtun, sondern es ist anzuerkennen, daß jeder, der in einer modernen, säkularen Stadt lebt und arbeitet, jeden Tag denselben kognitiven Spannungen ausgesetzt ist, die Menschen diese Position einnehmen lassen.

In dem Zusammenhang sollte ich ein Wort sagen zu jenem Ereignis, das von vielen mit meinem Namen in Verbindung gebracht wurde, dem sogenannten *Hartford Appeal* von 1975. Es handelte sich dabei um eine Stellungnahme, die verschiedene säkularisierende Trends im gegenwärtigen theologischen Denken entschieden zurückwies. Er wurde weithin als eine Stellungnahme aus neoorthodoxer Sicht verstanden. Was immer die Absicht derjenigen war, die auch daran beteiligt waren, ich verstand ihn nicht so. Hartford beschrieb für mich das, was mich von denjenigen unter den Liberalen – zu denen ich mich auch zählte – unterschied, die eine linke Position einnahmen. Ich glaube, daß dies Anliegen auch weiterhin seine Berechtigung hat, selbst wenn in der Rückschau durchaus fraglich ist, ob der Stil, in dem der Hartford Appeal abgefaßt wurde, der richtige war. Eine entsprechende Darstellung in bezug auf die Rechte halte ich für ebenso wichtig, und ich hoffe, daß *Der Zwang zur Häresie* diesem Anliegen gerecht wird.

Das Schlimmste daran, in der Mitte zu stehen, ist nicht, daß man von beiden Seiten angeschossen wird. In diesem Fall ist dies schon deshalb nicht besonders schlimm, da viele andere sich in derselben Situation befinden. Beunruhigender ist der Gedanke, daß eine *via media* überall, aber besonders in der Religion, dem Verdacht der Lauheit ausgesetzt ist. Und tatsächlich war dies eine immer wieder auftretende Eigenschaft des protestantischen Liberalismus. Schlimm genug – aber ich glaube nicht, daß es sich dabei um eine notwendige Eigenschaft handelt. Jede nuancierte, reflektierte Position läuft Gefahr, als lau zu erscheinen im Vergleich zu den selbstsicheren Haltungen derjenigen, die Gewißheit einfordern. Es ist wichtig, den illusionären Charakter jener selbstsicheren Haltungen zu durchschauen, zu sehen, von welchem Punkt an Milde im Urteil ihre eigene Form von Gewißheit verschafft, eine, die vielleicht ruhiger ist als diejenige der Barthianer oder der – sagen wir – christlichen Revolutionäre, jedoch auch von dauerhafterem Bestand.

A propos Barthianer. Eine Frage beschäftigte sie von Anfang an, und auch *Karl Barth* selbst befaßte sich mit ihr in seinem frühen theologischen Denken: „Wie kann man darüber predigen?" Die Frage ist von entscheidender Bedeutung nicht nur für denjenigen, der beruflich mit Glaubensverkündigung zu tun hat, sondern auch für diejenigen (mich selbst eingeschlossen), die sich engagieren für eine öffentliche Bekräftigung der christlichen Tradition. Viele Jahre ist es her, daß ich – nach einem glücklichen Jahr am Lutheran Theological Seminary in Philadelphia – mein Berufsziel, ein kirchliches Amt anzustreben, aufgab. Die meisten meiner biographischen Entscheidungen liegen irgendwie im Dunkeln, bei dieser Entscheidung jedoch liegen die Dinge klar auf der Hand: Ich spürte, daß ich ein lutherischer Amtsträger nur sein könnte, wenn ich die Glaubenslehre, so wie sie in den lutherischen Bekenntnissen festgehalten ist, voll bejahe, und ich zog mich zurück, weil ich meine Zweifel hatte, ob ich zu so einer uneingeschränkten Zustimmung überhaupt fähig wäre. Mit anderen Worten: ich spürte, daß ich nicht *darüber* würde predigen können. Ich bedaure diese lange zurückliegende Entscheidung nicht, selbst wenn es vielleicht nicht ohne Bedeutung ist darauf hinzuweisen, daß ich heute zu einem anderen Ergebnis kommen würde. Wenn unter „darüber" jetzt die liberale Position verstanden wird, die ich eben beschrieb, dann bin ich zutiefst davon überzeugt, daß darüber in der Tat gepredigt werden kann – und, wären die äußeren Voraussetzungen dafür gegeben, hätte ich die Möglichkeit dazu, daß ich es könnte.

Der Grund dafür, daß ich diesen Schluß wählte, ist also recht einfach: Ich glaube, daß man im Innersten der christlichen Tradition auf Wahrheit stößt, und die Wahrheit muß in jeder nur denkbaren Auseinandersetzung immer wieder neu festgestellt werden, sei es im Zusammenhang mit den vielfältigen Ausprägungen der modernen Säkularität, sei es gegenüber der mächtigen Tradition asiatischer Religion, die auf ein entsprechendes Engagement seitens der Theologie geradezu wartet. Freilich niemand, der in eine solche Auseinandersetzung aufrichtig hineingeht, verläßt sie so, wie er sie begonnen hat; sollte dies doch der Fall sein, dann

154

war die Auseinandersetzung wahrscheinlich alles andere als aufrichtig. Jedes aufrichtige Individuum muß sich in der Reflexion öffnen und das zeitlich unbegrenzt. Verkündigung ist etwas anderes. In diesem Fall geht der einzelne nicht reflektierend an die Tradition heran, sondern tritt bewußt in diese Tradition ein und bestätigt die Wahrheit, die er durch sie gefunden hat, ohne dabei die Ergebnisse der Relfexion zu vergessen oder zu verraten.

Das Wirken des Geistes ist nicht vorherzusagen. Ich habe oft gedacht, daß eine mit allen Hilfsmitteln der modernen Sozialwissenschaften ausgestattete Person in erhebliche Schwierigkeiten gekommen wäre, wenn sie – sagen wir zu Beginn des 16. Jahrhunderts – die Reformation hätte vorhersagen wollen. Ich möchte hier keine Vorhersage wagen, aber ich werde eine vorsichtige Feststellung machen: Aus den Auseinandersetzungen unserer Zeit werden möglicherweise Glaubensverkünder von großer und erneuerter Kraft hervorgehen. Momentan herrscht eine Art von Stille und in den zurückliegenden Jahren war dies nicht anders. Es ist nicht ausgeschlossen, daß auf die Stille eines Tages Donner folgt. Wir wissen es nicht. Wir brauchen es auch nicht zu wissen. Aber die bloße Möglichkeit ist eine leise Hoffnung wert – und vielleicht sogar das Wagnis des Glaubens.

7. Auf den Spuren der Engel

Thales von Milet hat gesagt: „Alles ist voll von Göttern." Für die Verherrlichung der Majestät des einen hat der Monotheismus der Bibel die vielen verscheucht. Aber in den Engeln, den lichten Zeugen Seiner Glorie, lebt jene Fülle fort, die Thales erschauern ließ. Schon die Propheten haben die Engel in visionärer Schau um Gottes Thron versammelt gesehen. Im Alten und im Neuen Testament erscheinen sie immer wieder als Boten Gottes *(angeloi)* und zeugen von Seiner Über- und Außer-Wirklichkeit, aber auch von Seiner immerwährenden Gegenwart unter den Menschen. Seine Sorge um diese Welt – als Richter und als Erlöser – ist es, auf die sie vor allem hinweisen, eine Sorge, die alles umfängt und nichts ausläßt. „Kein Halm ist auf Erden, der nicht im Himmel einen Schutzengel hätte", sagt ein rabbinischer Schriftsteller[1]. In der religiösen Betrachtung der Wirklichkeit verweisen alle ihre Phänomene auf das, was sie transzendiert, und diese Transzendenz wiederum wirkt aktiv in die Wirklichkeit des menschlichen Seins zurück und umfängt es von allen Seiten.

Erst seit dem Einbruch der Säkularisierung verringerte sich die göttliche Fülle, bis ein Punkt erreicht war, an dem es schien, als sei die Sphäre der Empirie die allumfassende – allumfassend und zugleich gänzlich in sich abgeschlossen. Wir haben uns von Göttern und Engeln weit entfernt. Das Aufbrechen der innerweltlichen Wirklichkeit, das diese Mächtigen einst verkörperten, ist unserem Bewußtsein als eine ernst zu nehmende Möglichkeit mehr

---

[1] Zitiert nach Gustav Davidson, *A Dictionary of Angels,* Free Press, New York 1967, S. XV.

und mehr entschwunden. Heute siechen sie müde dahin – im Märchen, im Heinweh, in verblichenen Symbolen. Vor ein paar Jahren hat einmal jemand einen Priester im Elendsquartier einer europäischen Großstadt gefragt, warum er sich gerade diese Mühsal ausgesucht habe. Die Antwort: „Damit das Gerücht von Gott nicht völlig verlorengeht." Genau das sind die Zeichen der Transzendenz heute: Gerüchte – und nicht einmal immer die schmeichelhaftesten.

Dieses Buch handelte nicht von Engeln. Allenfalls wäre es ein bescheidenes Vorwort zu einer „Engelkunde" – verstünde man darunter eine methodische Suche nach Gottes Boten, die seine Zeichen in der Wirklichkeit sind, ob es uns paßt oder nicht, wir leben nun einmal in einer Situation, in der das Übernatürliche allenfalls noch ein Gerücht, eine verwehte, wenn nicht versteinerte Spur ist. Kein noch so kühner Sprung kann uns aus dieser Lage befreien. Wir können nicht mehr in ein früheres Stadium der Geschichte zurück, in welchem der Mensch „unmittelbar zu Gott" mit der Wirklichkeit rang. Und wir sollten dies wohl nicht einmal wünschen. Deshalb habe ich in den vorangegangenen Überlegungen immer wieder betont, daß das, worum es mir geht, weder „esoterisch" noch „reaktionär" ist. Aber ich wollte auch zeigen, daß wir unsere heutige Lage nicht als ein unerbittliches Fatum hinnehmen müssen, daß das säkularisierte Bewußtsein eben *nicht* das Absolute ist, als das es sich präsentiert. Wir müssen zwar von der Situation ausgehen, in der wir uns befinden. Aber wir brauchen uns nicht von ihr tyrannisieren zu lassen. Wenn die Zeichen der Transzendenz auch nur Spuren sind, nun denn, machen wir uns auf, ihnen nachzugehen. Vielleicht entdecken wir ihren verborgenen Anfang.

Eine Wiederentdeckung der Transzendenz bedeutet vor allem, daß wir gegenüber der Wirklichkeit Offenheit der Wahrnehmung zurückgewinnen müssen. Dabei werden wir nicht etwa nur, was die vom Existentialismus beeinflußten Theologen bei weitem überschätzten, der Tragödie begegnen. Vielleicht ist es viel wichtiger, daß wir uns der Banalität, dem Trivialen stellen. Offen zu sein für die Zeichen der Transzendenz bedeutet nämlich auch, die Erfahrung wieder in angemessenen Verhältnissen wahrzunehmen. Erlösung ist auch Entlastung – bis zur Komik. Wir lachen wieder und spielen aus neugewonnener Fülle. Damit entziehen wir uns nicht dem moralische Anruf der Stunde. Wir sind ja gerade angehalten, jede menschliche Gebärde, auf die wir treffen oder die von uns im alltäglichen Drama erwartet wird, sorgfältig, d. h., im tiefsten Sinne des Wortes, in „unendlicher Sorge" um die Sache des Menschen zu beachten. Denn mitten in ihrem alltäglichen Tag, heißt es im Neuen Testament, „haben etliche ohne ihr Wissen Engel beherbergt" (Hebräer 13, 2).

Offenheit für die Zeichen der Transzendenz, das neue Sehen in angemessenen Verhältnissen, hat, meiner Ansicht nach, moralische, um nicht zu sagen, politische Bedeutung. Der größte moralische Segen der Religion ist, daß man, auf sie gestützt, die Zeit, in der man lebt, aus einer Perspektive sehen kann, die den Tag und die Stunde transzendiert und ihnen die richtige Größenordnung zumißt. Das gibt Mut und ist zugleich auch ein Schutz gegen Fanatismus. Aber der Mut zu tun, was jeweils getan werden muß, ist nicht der einzige moralische Gewinn. Hinzu kommt die Einsicht, daß das Jeweilige nicht das Einundalles unseres Daseins ist. Seinen Forderungen gewachsen zu sein und dabei nicht die Fähigkeit zum Lachen, die Freude am Spiel zu verlieren, das ist wahrlich ein moralischer Gewinn. Um die humanisierende Kraft der religiösen Perspektive würdigen zu können, muß man einmal die revolutionären Ideologien unserer Zeit in ihrer grimmigen Humorlosigkeit kennengelernt haben. Andererseits ist es kaum notwendig, auf den moralischen Nachholbedarf unserer derzeitigen Zustände, speziell der amerikanischen, hinzuweisen. Ohnehin spotten sie jeder Beschreibung. Ob man sie als das Herannahen des Jüngsten Gerichts ansieht oder neue Hoffnung auf neue Aktionsprogramme setzt, hängt meistens nur davon ab, ob man gerade die Morgen- oder die Abendzeitung gelesen hat. Das beste ist, man vergegenwärtigt sich die Einsicht, daß, um Dietrich Bonhoeffers suggestiven Ausdruck zu zitieren, alle historischen Begebenheiten

„vorletzte" sind. Denn ihre letzte Bedeutung liegt in einer Wirklichkeit, die sie und alle anderen Koordinaten des menschlichen Daseins transzendiert.

Im größeren Teil dieses Buches habe ich mich mit der Wiederentdeckung der Transzendenz als einer Möglichkeit für die Theologie heute auseinandergesetzt. Ob nur mehr oder weniger isolierte kognitive Minderheiten diese Möglichkeit aufgreifen oder ob sie größere historische Dimensionen gewinnt, kann man mit Sicherheit nicht voraussagen. Aber mit Hilfe der empirischen Wissenssoziologie kann man Spekulationen anstellen und sogar Prognosen wagen, wenngleich „Futurologie" immer ein heikles Geschäft ist. Als Soziologe ist man – wie wahrscheinlich jeder empirisch verfahrende Beobachter menschlicher Ereignisse – versucht, ein bißchen zu prophezeien, eine Versuchung, der ich ja ohnedies längst erlegen bin. Dennoch muß ich betonen, daß man, wenn man an die Religion nicht so sehr um dieses oder jenes empirischen Aspektes ihrer möglichen sozialen Manifestationen willen, sondern mit einem Interesse an ihrer möglichen Wahrheit herangeht, gut daran tut, sich ein gewisses Maß an Gleichgültigkeit empirischen Prognosen gegenüber aufzuerlegen. Die Geschichte wirft bestimmte Fragen nach der Wahrheit auf, bringt mehr oder weniger erleuchtete Antworten hervor, bildet Plausibilitätsstrukturen und löst sie wieder auf. Aber die Geschichte der Frage nach der Transzendenz kann diese Frage selbst nicht beantworten. Es ist nur zu menschlich, sich an der Einbildung zu freuen, man reite auf den Wogen der Zukunft. Nur folgt allzu häufig bald die ernüchternde Einsicht, daß, was sich wie eine gewaltige Woge ausnahm, nur ein kleiner Strudel am Rande des Ereignisstroms war. So möchte ich denn den Theologen und Soziologen ans Herz legen, über die eilfertige Frage, wer denn nun die Moderne gepachtet habe, ein Moratorium zu verhängen. Theologie beginnt und endet bei der Frage der Wahrheit. Mir ging es hier um ein paar methodische Anregungen, wie man dieser Frage heute nachgehen kann.

Neue Horizonte

Fritjof Capra/Paul Davies/
James Lovelock/Rupert Sheldrake
Der wissende Kosmos
Die Entdeckung eines neuen Weltbildes
Band 5133

Hans-Peter Dürr/Marianne Oesterreicher
Wir erleben mehr als wir begreifen
Quantenphysik und Lebensfragen
Band 4847

Ernst Peter Fischer
An der Grenze des Denkens
Wolfgang Pauli – ein Nobelpreisträger über die Nachtseiten
der Wissenschaft
Band 4842

Franz-Xaver Kaufmann
Wie überlebt das Christentum?
Band 4830

Eugen Drewermann
Wozu Religion?
Sinnfindung in Zeiten der Gier nach Macht und Geld
Im Gespräch mit Jürgen Hoeren
224 Seiten, gebunden mit Schutzumschlag
ISBN 3-451-27189-3

Uwe Wolff
Alles über Engel
Aus dem himmlischen Wörterbuch
256 Seiten, gebunden mit Schutzumschlag
ISBN 3-451-27578-3

HERDER spektrum